幼教叢書

幼兒發展

Child Development

黃志成、王淑芬、陳玉玟◎著

幼兒發展

序

　　本書撰寫的目的在協助讀者瞭解幼兒的各項發展狀況，坊間幼兒發展的相關書籍，大體可分為兩種撰寫形式，其一係依各年齡層的各項發展逐一說明，此形式較適合進階者閱讀，初學者大都較無法掌握幼兒各項發展階段的全貌而略感吃力；另一種形式則如本書依幼兒的各項發展狀況，完整的介紹各年齡階段發展的過程與特徵，優點為對理論或各發展內容能有全面性的瞭解，適合初學者，故適合大學幼教系、四技二專及幼保教育相關學程的初學者使用。書中最大特色在於淺顯易懂，雖撰寫簡要，但內容涵蓋層面相當廣，與幼兒發展有關的理論與實務大致均包含在裡面。

　　本書共分十三章，第一章為緒論，第二章身體發展，第三章動作發展，第四章智力發展，第五章認知發展，第六章創造力發展，第七章情緒發展，第八章語言發展，第九章繪畫能力的發展，第十章遊戲發展，第十一章社會行為的發展，第十二章道德行為發展，第十三章人格發展。各章的前面加列學習目標及摘要，俾使讀者能在研讀各章之前，對該章的主題與重點有概要性的瞭解；各章最後加列關鍵詞彙及評量題目，讓讀者有自我練習的機會，並能充分掌握學習的重點。

　　最後，感謝揚智文化公司，對本書在出版上的大力支持，使得本書得以問世；本書如有疏漏之處，亦歡迎各位先進不吝指正。

　　　　　　　　　　　　　　黃志成　王淑芬　陳玉玫　謹識

幼兒發展

目　錄

Chapter 1

緒論

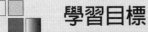

學習目標

1.瞭解發展的意義與重要性

2.瞭解發展改變的現象與原則

3.瞭解幼兒發展的理論

4.瞭解發展任務的意義及幼兒主要的發展任務

5.瞭解影響幼兒發展的因素

6.瞭解研究幼兒發展的方法

摘要

　　發展係指個體自有生命開始，其身心整體發生連續變化的過程。而幼兒發展的領域涵蓋了從出生到六歲以前生理、心理與社會的成長，如以年齡為標準，可將幼兒期劃分為：產前期（受精到出生前）、嬰兒期（出生至滿週歲）、幼兒期（一歲至未滿六歲）。赫洛克（Hurlock, 1978）曾提出幼兒發展上變化的類型有四項：1.尺寸大小的改變；2.比例的改變；3.舊特徵的消失；4.新特徵的獲得。

　　人類發展過程中都遵守著一些普遍的大原則：1.幼稚期長可塑性大；2.早期發展是後期發展的基礎且早期發展較後期發展重要；3.發展模式是相似的；4.發展常遵循可預知的模式；5.發展歷程中有階段現象；6.共同模式下有個別差異；7.發展是連續的過程；8.社會對每一發展階段都有些期望。幼兒發展的理論主要包括：行為學派、心理分析學派及認知發展學派，行為學派又可分為制約學習理論、斯肯納（B. F. Skinner）的操作制約學習理論及班都拉（A. Bandura）的社會學習論；心理分析學派分為佛洛伊德（S. Freud）的性心理理論、艾力克森（E. H. Erikson）的心理社會學說。

　　每個人在其生長的社會環境中，都被期望著在生長階段表現適當的角色，實現這種角色的發展歷程，即稱之為發展任務，不同的社會文化，會出現不同發展任務的期許，不過任何社會期許下的發展任務均受到來自社會中的文化壓力、個體成熟及個人價值觀的影響。幼兒的各項發展絕非個別的因素所能獨立影響，支配或影響幼兒發展的因素包括客觀與主觀的因素，客觀因素又分為遺傳、環境；主觀因素分為成熟與學習。

　　研究幼兒發展的方法，可分為兩大類：1.以時間為基礎的設計，又分為縱貫法與橫斷法兩種；2.研究人的方法，又分為直接觀察法（包括自然觀察法與控制觀察法）、間接觀察法（包括徵詢法、回憶法）、測驗法、實驗法（包括實地實驗法與實驗室實驗法）、個案研究法等。

一、幼兒發展的意義、分期和原則

發展（development）一詞，有時與「發育」、「成長」等名詞交替使用，但其含義並不完全相同。發育與成長多指身體及生理方面的成熟，而「發展」所指的不僅是軀體發生變化，心理方面亦隨之產生變化（change），正如安德遜（Anderson）所強調：「發展不僅是身體大小的改變，或身體各部分比例的增減，也不只是身高的增加，或體力的增強，發展實際上是統合許多構造與功能的複雜過程。」其所帶來的改變，包括各種項目，諸如個人經驗範疇的增加，力量、速度及動作技巧的增加，智慧及解決問題能力的增加，語言及溝通能力的增加，社會關係的增廣，以及興趣、活動和價值觀的改變。換言之，發展係指個體自有生命開始，其生理上（如身高、體重、大腦、身體內部器官等 ）與心理上（如語言、行為、人格、情緒等）的改變，改變的過程是連續的、緩慢的，其改變的方向係由簡單到複雜、由分化到統整，而其改變的條件，乃受成熟與學習，以及兩者交互作用之影響（黃志成、高嘉慧、沈麗盡、林少雀，2008）。

「幼兒發展」的領域涵蓋了兒童從出生到六歲以前生理、心理與社會的成長。由於發展的歷程是連續不斷的，因而整個發展過程很難有明顯的段落，茲以年齡為標準，將其劃分為以下幾個時期：

(一)產前期

從受精至出生前為止，約二百六十六天，此期又可分為三個主要發展階段〔產前期（prenatal period）胚胎變化如圖1-1〕：

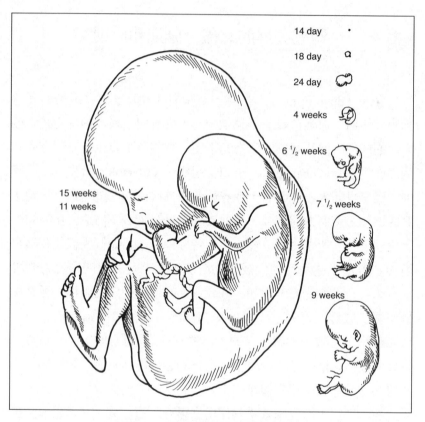

圖1-1　產前期胚胎的變化情形

資料來源：賴保禎、張欣戊（1993）。

■胚種期

　　由受精到第二週。受精後大約七天，受精卵植於子宮內壁，開始吸收養分，體積產生變化；進入第二週時，胚種開始分化為內胚層（endoderm）、中胚層（mesoderm）及外胚層（ectoderm）三種不同的胚層，每一胚層再繼續分化，形成各類細胞，終而構成身體的各種組織系統及器官。

■胚胎期

由第三週至第八週。此期乃人體各部分器官形成的階段；在第四週，胚胎體長約0.5公分，體重比受精卵重一萬倍，外形上也可以看到一段突出的小莖連於胚胎和胎盤之間，即為將來的「臍帶」（umbilical cord）。此期的胚胎已經有頭有尾，浮游於羊水中，且在這小小的胚胎裡，人體各部的器官皆已形成，並已能運作。

■胎兒期

由第九週到出生。胚胎期是個體整個生命歷程中發展最快及最重要的時期。此期的發展，以肌肉及中樞神經的成熟為主，許多外層組織（如手指甲、眼皮等）亦出現，用超音波掃描還可以聽到胎心音，也可以看到胎兒的心臟在跳動。

產前期的發展除遺傳基因的影響外，子宮內環境亦對胎兒之成長影響甚鉅。

(二)嬰兒期

嬰兒期（infancy）從出生至滿週歲，為人類適應外界環境的第一年。發展速度是由嬰兒期最初六個月的各種經驗決定的，亦即從產前期一直到出生後六個月，為快速生長期，因此，營養與衛生保健即是促進生長與發展最重要的因素。

(三)幼兒期

幼兒期（early childhood）約從一歲至未滿六歲，奧斯本（Osborn, 1991）認為六歲前的幼兒應學習所有基本知識，也提醒

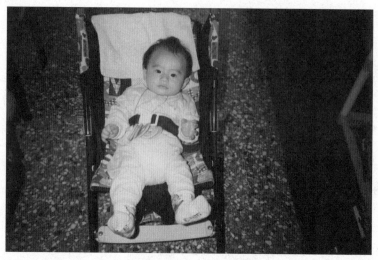

民俗四月收涎（餅乾項鍊）

了我們，六歲前的教育是何等重要。此期若更精確的劃分，又可分為以下兩個時期：一歲至三歲，稱為先學前期，屬我國學前學制分期中的托兒所期，皮亞傑（J. Piaget）曾說過「三歲定終生」一語，即告訴我們，三歲以前的孩子，並非懵懂無知，而是學習能力最強的一段時間。因此，為使嬰兒有正常發展，除注意營養、衛生保健外，亦須提供良好的刺激環境，激發嬰幼兒潛能；三歲至六歲，稱學齡前（preschool）兒童，亦屬於幼兒園期。此時期主要發展幼兒與他人的關係，為進入團體生活做準備，教育、營養、衛生保健與福利服務均是值得重視的。

　　幼兒發展的正常範圍裡，包含極大的個別差異（individual differences），如身高、體重、學走路、學說話、學習各種生活常規、知識、概念等，每個人發展的時間變化很大，然即使有所差異，所有的人都會經歷相同的發展時期。

　　瞭解幼兒發展的完整模式，是瞭解幼兒的基礎，因此一套完整

幼兒發展模式的價值，在於提供給幼兒的輔導者一些對幼兒的基本認識，並抱持適當的期待與輔導態度，歸納其重要性如下：

1. 幼兒發展的知識，可協助家長、幼兒教學的老師或輔導者，事先為幼兒在身體、興趣或行為上將要發生的改變做好準備。

2. 可以協助家長或輔導者，在適當的時機輔導幼兒學習。例如，當幼兒進入一歲，已準備好獨自行走，則必須給他練習走路的機會，並不斷鼓勵他去嘗試，直到幼兒獲得走路的技巧為止，此即由幼兒發展知識中得知走路的關鍵期（critical period），若錯過此一關鍵期，缺乏練習機會和鼓勵，便會延緩正常的發展。

3. 可協助家長或輔導者瞭解應對幼兒抱持何種期待，期待大約在什麼時候幼兒會有何種行為模式出現，以及什麼時候這些行為將會更加成熟。只有當家長們有正確期望時，幼兒才能在適當的要求下，正常的成長。

能以大多數的幼兒發展為基準，制定幼兒身高體重量表、年齡體重量表、年齡身高量表、智齡量表及社會或情緒發展量表等，以作為評量每個幼兒正常發展的指引。因為所有正常幼兒的發展模式大致相同，所以若根據上述各項量表加以評量後，發現幼兒的發展遠離了正常幼兒的發展水準，則該幼兒發展可能有所偏差，即應盡速找出原因，加以補救。

二、發展改變的現象

幼兒發展上的改變，包括身體及心智能力的改變兩種，赫洛克（Hurlock, 1978）曾提出在發展上變化類型（type of change）如下：

(一)尺寸大小的改變

指的是幼兒的身高、體重與生理週期的變化。初生嬰兒長約五十公分，重約三公斤，到第五個月時體重增加一倍，一週歲時，體重近十公斤；而身高的增加則較為緩慢，要等到四歲左右才會增加一倍，可見體重的差異較身高的差異來得大。至於生理週期的變化以睡眠較為明顯，初生嬰兒幾乎大部分時間都在睡覺，每天睡十五至二十小時，一直要到四、五個月以後才開始有睡、醒的初步週期，正常的週期則要等到中樞神經成熟到一定程度才可預期。這些外在的、生理的現象都一直不斷在增長中。

(二)比例的改變

初生嬰兒身體的比例與成人差異很大，初生嬰兒頭的長度約為身長的25%，成人則只約占14%，軀幹與下肢的比例為4：3，成人則為1.6：2。嬰兒的眼睛是成人大小的一半，由圖1-2可看出兒童身體的比例，並非成人的縮影，而使得嬰兒有一種特別的「嬰兒相」。不僅生理如此，在心理上亦同，均有獨特的特質，兒童不是成人的縮影，絕不能以成人的眼光來看待他們。

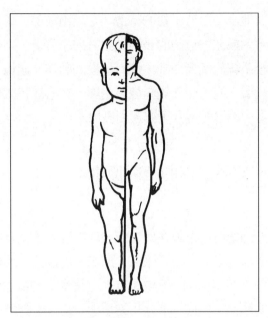

圖1-2　新生兒與成人身體比例的不同

(三)舊特徵的消失

在個體發展過程中，有些身心特徵會逐漸消失，例如出生前，胎毛會掉落；在兒童前期，乳齒也會逐漸脫落。同樣的，某些心理與行為特徵亦消失，如嬰兒吸吮手指頭的動作、語言中的重疊音（如吃飯飯、穿鞋鞋）及奇特想像力的消失（如男生長大後要當新娘子）。

(四)新特徵的獲得

除了幼兒因脂肪組織、神經、骨骼、腺體的增長，使得幼兒體

重增加外，其他身心之若干新的特徵，是經由成熟、學習和經驗獲
得的。例如，六歲左右恆齒的長出；語言的學習上，字彙亦愈來愈
多。中樞神經系統的逐漸成熟，使得幼兒的動作、記憶、知覺、思
考、認知等高層次的功能亦逐漸發展明顯。在心理特徵方面，包括
興趣廣泛、道德標準的提升等亦逐漸發展。

三、發展過程的一般原則

　　古今中外的幼兒，不論在外貌或心理特質上，雖有許多差異，
但發展過程中都遵守著一些大原則，例如，皮拉里（Pillari, 1998）
提出人類發展有四個原則：1.成長有一定比率上的特徵；2.生理的
成長有一定的順序；3.有一定分化的型態；以及4.發展身心社會性
的整合。

　　葛塞爾（Gesell, 1952）也提出發展的四項原則：1.由簡單至複
雜細膩的活動；2.精細複雜動作至整合動作；3.從頭到四肢尾端發
展原則（cephalocaudal principles）；4.由近到遠的發展原則（引自
郭靜晃等，2005）。綜合歸納這些普遍的大原則如下說明：

(一)幼稚期長可塑性大

　　人類自出生到成年，均須經過二十年之久，和其他動物相較，
這段幼稚期遠來得長。從學習的關鍵期來看，許多動作技能學習的
關鍵期大都發生在幼年時期，也就是說幼年時期幼兒的可塑性較
大，學習其他事物的能力愈佳，其他動物的行為則多屬於本能性行
為（instinctive behavior）。

(二)早期發展為後期發展的基礎且較後期發展重要

　　大多數學者均同意，人生歷程的第一個十年是一生行為發展的基礎，因為早期發展的基礎很快會發展成習慣模式，而這些習慣模式不論對幼兒適應是好或是壞，有益或有害，都會有持續的影響，因而幼兒時期的教育與生活訓練是很重要的。佛洛伊德亦認為成人的不良適應可追溯到早年幼兒時期不良經驗的原由，因而「小時了了，大未必佳」的觀念，從行為發展的觀點視之，並不正確。

(三)發展模式是相似的

　　幼兒的發展模式具有相似性，如幼兒動作發展的順序，最先只能臥著，然後可以抬頭，續而可以坐著，而後可以扶著東西站立，再後可以爬行，一直到可以自己行走、跑、跳。

(四)發展常遵循可預知的模式

　　雖然每個幼兒的發展不是絕對相似，但一般的連續程序則是所有發展常態的幼兒都一致的，均依照自然有規律的基本模式而發展。從胎兒期到嬰兒期的發展，最顯明的模式是：

　　1.從首到尾的發展：即頭部發展在先，下肢發展在後。
　　2.從中心到邊端的發展：軀幹發展在先，四肢發展在後。
　　3.從整體到特殊的發展：全身的、整體的大肌肉活動在先，局部的、特殊的小肌肉活動在後。

　　再如，幼兒心智的發展亦是可預期的，都是先由動作的發展，

進而能運用具體的事物進行思考，最後才能發展抽象的思考境界。

(五)發展歷程中有階段性現象

有些學者認為人的發展是一個階段接著一個階段發展，當一名幼兒由一個階段邁向另一個更高的階段時，即會有定性的變化（qualitative change）。例如，當幼兒的認知發展邁向一個更高的階段，表示他們的思維方式有顯著的定性變化（馬慶強，1996）。

(六)共同模式下有個別差異

由於個體遺傳互異，生長環境亦不同，使得每個人都有其獨特的發展歷程與結果。所謂個別差異，指的是速率（rate）及形式（pattern）的差異；速率的差別是指個體發展快慢有別，在某些時期的某些特質發展較快，而另外一些特質可能在不同的時期發展較快，如同樣是四歲的幼兒，有的已能說較複雜的句子，有的卻還停留在簡單的句子階段，但後者終究還是能說複雜的句子，只是時間上比較慢而已，顯示發展的速率不一；形式上的差異如容貌的差異、身高體重的差異、興趣廣狹的差異等。即使是同卵雙生子，也只有遺傳一個因素相同，其他尚受環境、成熟及學習等因素的影響，而使之呈現個別的差異。

(七)發展是連續的過程

個體身心的發展是日以繼夜，夜以繼日，不斷的變化，整個過程完全是連續的；現在的行為是過去的延續，以後的行為又是現在

的延續，且彼此相互影響，具有相關性。不過，在連續的發展過程中，個體的發展速率並非一成不變，有時快速，有時緩慢，例如，幼兒語言能力的發展即是如此，二至五歲是幼兒語彙能力增加最快速的時期，兩歲以前及五歲以後則進步緩慢。

(八)社會對每一發展階段都有些期望

每一社會團體因其不同的文化特質，而對該社會中的嬰兒、幼兒或兒童的身心發展，都期望有一定的模式出現，如此除可藉以評斷該幼兒的發展常態與否，更可使成人能預先為幼兒下一階段的發展做準備。

 ## 四、發展理論

理論的主要功用是提供人們對於所觀察到的現象提出一般性的原則加以解釋（郭靜晃等，2005）。幼兒發展的理論主要包括：行為學派（behaviorism）、心理分析學派及認知發展學派。

(一)行為學派

行為學派重視一切可被觀察及可被測量的行為，尤其對於刺激與反應間的聯結關係有興趣，心理分析學派所提出的意識及潛意識因無法觀察，即非行為學派研究範疇。此學派主要以制約學習理論〔包括巴夫洛夫（I. P. Pavlov）的古典制約（classical conditioning）學習論及斯肯納的操作制約（operate conditioning）學習理論〕以

及班都拉的社會學習理論（social learning theory）最具代表性，分述如下：

■巴夫洛夫的古典制約學習理論

俄國生理心理學家巴夫洛夫無意間發現，狗不僅在看到食物時會流口水，甚至只看到裝食物的盤子也會流口水，於是進行制約實驗，如**圖1-3**所示。即巴夫洛夫將制約刺激（鈴聲）跟隨著非制約刺激（食物）一併出現，久之，制約刺激（鈴聲）亦會造成狗的流口水反應，此時，制約學習已然建立。

制約前　UCS → UCR
　　　　CS

制約中　UCS ↗ UCR
　　　　CS

制約後　CS → CR

圖1-3　古典制約學習過程

註：1.非制約刺激（unconditioned stimulus, UCS）：或稱自然刺激（natural stimulus, NS），這種刺激可自然引起某一反應的功能，如圖中吃食物即會自然產生流口水現象，食物即稱之UCS。

2.制約刺激（conditioned stimulus, CS）：其本身無法引起有機體產生某一特定的自然反應，而須與非制約刺激配對出現（即CS+UCS），以產生制約反應，如圖中鈴聲原本不引起任何反應，但伴隨食物的出現，而制約產生流口水現象。

3.非制約反應（unconditioned response, UCR）：為非制約刺激（UCS）所自然引起的反應，如圖中吃食物，自然流口水，流口水現象即UCR。

4.制約反應（conditioned response, CR）：此為制約刺激所引起的反應。事實上，圖中的CR＝UCR，均為流口水反應，只是CR所形成反應的過程係制約而來的，而UCR係自然產生的。

■斯肯納的操作制約學習理論

心理學家斯肯納自製斯肯納箱（Skinner box），進行白鼠壓槓桿的實驗，發現當飢餓的白鼠自發的壓到槓桿，即可獲得機械設計所送下的食物時，其壓槓桿的反應（行為）即會重複操作，亦即，任何個體的自發性反應，如能帶來有效的後果，該反應即因強化而保留，此即操作制約。其中，能使行為持續或增加的效果稱為增強（reinforcement）。增強又可分為正增強（positive reinforcement）與負增強（negative reinforcement），正增強是給予幼兒他所喜歡的事物，而負增強是將幼兒所嫌惡的事物去除，但兩者均能達到鼓勵行為再現的效果（李宜賢等，2004）。負增強和懲罰不同，負增強是欲保留某行為，而去除其不喜歡之物，懲罰則是欲去除某行為，而將其不喜歡之物（如打、罵）加諸幼兒身上。

■班都拉的社會學習論

操作制約發生在當事者的親身體驗，而班都拉（Bandura, 1977, 1986；引自龔如菲，2001）卻發現即使並非當事者親身經驗，只要看到別人被懲罰或增強，當事者也會學習到同樣的行為，這種透過觀察、模仿的方式，便稱為社會學習論。

班都拉曾在實驗室中研究楷模示範攻擊行為對兒童學習的影響，發現不論楷模受到獎懲與否，受試兒童都不約而同地表現出攻擊玩偶的行為，此研究支持班都拉的觀點：學習本身不需要有增強。當然，學習過程也不只是觀察模仿而已，一個人必須先有動機，並注意到想模仿的行為，然後個體要能記憶、儲存他所觀察到的動作訊息，之後再把動作訊息轉變為具體的模仿行為而表現出來（郭靜晃等，2005）。

(二)心理分析學派

■佛洛伊德的性心理理論

　　奧國的精神科醫生佛洛伊德根據多年的臨床經驗，對人格的發展提出了系統的解釋。佛洛伊德認為人格的發展與性的驅力（drive）有極大的關聯性，而性的驅力為一種潛意識的生物驅力。隨著個體的成熟，性本能往往透過身體上不同的區域來獲得滿足，佛洛伊德稱之為「性心理發展階段理論」（stage of psychosexual development theory）。在發展的每個階段，如果需求沒有得到滿足或滿足過多，都將發生固著（fixation）現象，所謂的「固著」是發展上的一個停頓，例如，幼兒在口腔期得不到滿足，則將導致日後在性格上出現嘮叨、酒癮、煙癮、好吃零食等口腔活動，稱為口腔性格。

■艾力克森的心理社會學說

　　心理學家艾力克森（Erikson, 1963）反對佛洛伊德病態的人格觀，其認為人是社會的產物，而非性本能的產物，重視人所處的社會文化對個人發展的影響，所以其理論稱之為心理社會學說（the psychosocial theory）。

　　艾力克森將人一生的發展過程分為八大週期，而每一個週期，都有其發展的任務，與可能面臨的危機（crisis），如果每一過程的危機均能得到積極的解決，那麼，個體的發展即獲得轉機，順利的進入下一個週期的發展，如果危機無法獲得解決，則可能影響往後各週期的發展，對人格造成不利的影響。

　　茲將以上兩個理論的發展階段表列如下（見**表1-1**）：

表1-1　性心理理論與心理社會學說的比較

年齡	性心理理論	心理社會學說
0~1歲	口腔期	信任 vs. 不信任期
1~3歲	肛門期	自主 vs. 害羞、懷疑期
3~6歲	性器期	自發 vs. 罪疚期
6~12歲	潛伏期	勤奮 vs. 自卑期
12~20歲	生殖期	自我認同 vs. 角色混淆期
20~40歲		親密 vs. 孤立期
40~65歲		繁殖 vs. 停滯期
65歲以後		自我統整 vs. 絕望期

(三)認知發展學派

　　瑞士心理學家皮亞傑以生物學的觀點來研究人類的認知發展，極具貢獻。他認為兒童是一個主動積極適應環境的個體，他會根據認知發展的層次　來適應周遭的情境，而非全然受本能影響或受制於環境，亦即，皮亞傑認為生命是對不斷變化的環境適應的結果，而人類智力也是適應的形式之一，來自環境的刺激，經過自我調節的過程，逐漸發展出適應新環境的智能。

　　皮亞傑認為兒童會逐漸自我調整以適應新環境的要求，而在此適應過程中，係透過同化（assimilation）與調適（accommodation）兩種歷程來進行。嬰兒期原有的認知架構稱為基模（scheme），在其成長過程，將所習得的新訊息或知識納入既有的認知架構中，亦即，使用舊有的基模來處理新情境或新問題時，稱為同化；如須修正原有認知架構，重新適應新訊息、新經驗者，此過程則為調適，亦即形成另一個新的基模。個體就是在這樣彼此同化與調適的過程中逐步適應環境，並發展出較複雜的心智。

　　皮亞傑依據對其三名子女長期觀察和實驗研究，提出人類認知發展的四個階段，其認為每一階段均產生與上一階段不同的認知能

力，且各有其行為特徵，因此，此四階段發展有一定的順序，階段不能省略，順序也不能顛倒。此四階段將在第五章詳細做介紹。

 五、發展任務

每個人在其生長的社會環境中，都被期望著在生長階段表現適當的角色，實現這種角色的發展歷程，稱之為發展任務（developmental tasks）。由此定義，我們可以清楚知曉所謂的發展任務事實上是社會團體所賦予個體的期望，期望個體在每一個發展階段上應完成某些特質，海維格思特（R. J. Havighurst）曾說過，如果能成功學會這些工作，不僅使個體快樂，而且能順利的完成以後的任務，若失敗了則不但個體會感到不快樂，得不到社會的贊許，還會阻礙到以後的發展任務。

不同的社會文化，會出現不同發展任務的期許，不過任何社會期許下的發展任務均受到來自社會中的文化壓力、個體成熟及個人價值觀的影響，例如，女大當嫁及升學聯考的壓力主要來自東方社會的文化壓力；學走路、說話等主要受到個體成熟的影響；職業的選擇則主要受到個人價值觀及抱負的影響，當然有更多的其他任務，則是此三者交互作用下形成的產物。海維格思特於一九七二年提出嬰幼兒期的發展任務如下（Havighurst, 1972）：

1.學習走路：嬰兒在十一、十二個月時，由於腳部骨骼肌肉已逐漸成熟，慢慢可以扶著桌椅站立，到了一歲以後，已開始學習走路，一般而言，滿兩歲的小孩已能走路了。

2.學習食用固體食物：嬰兒在四個月以前大都以流質食物為主，慢慢地逐漸加入半流質食物，約在八個月以後可以開始

　　加入固體食物，通常以少量質軟為主，如吐司麵包，入口即
　　化。

3.學習說話：在接近週歲時，嬰兒已有說話的動機，常常會發
　　出「咿咿啊啊」的聲音，大人可以給他一些鼓勵；週歲以
　　後，嬰幼兒會慢慢發出一些單音，然後雙字音，約到四歲
　　時，幼兒已具備簡單的說話能力。

4.學習控制排泄機能：嬰幼兒約在一歲半左右，肛門的括約肌
　　逐漸成熟，此時可以開始訓練大小便的控制，訓練時應秉持
　　著耐心與鼓勵，幼兒將很快的學會在適當的時間和地點大小
　　便。

5.學習認識性別與有關性別的行為和禮節：幼兒約自三歲開始
　　有性別概念，此時可以具體的教導他認識男女在外表的特
　　徵，從頭髮、衣著、身材等方面來瞭解男女的差異，進一步
　　教導適當的性別行為和禮節。

6.完成生理機能的穩定：以飲食為例，嬰兒前期不管是定時餵
　　奶或彈性餵奶，到了幼兒期，逐漸調整成早餐、中餐和晚
　　餐，另外，在兩餐中間添加點心，養成固定的飲食時間；又
　　如養成幼兒每天固定排大便一次的習慣，且盡量在早晨起床
　　以後。

7.形成對社會與身體的簡單概念：幼兒自小生活在家中，家庭
　　就是一個簡單、原始的社會，從小就要讓幼兒瞭解家庭的組
　　成分子，進而瞭解幼稚園／托兒所的老師、同儕，讓幼兒知
　　道周遭有許多愛他的人，讓幼兒感受到愛，激發其愛人的
　　心。此外，也讓幼兒知道其是正在成長的個體，要注意身體
　　健康、充足的睡眠、均衡的營養，如此才會長高長壯。

8.學習自己與父母、兄弟姐妹以及其他人之間的情緒關係：嬰

幼兒由於自我中心太強，又不會控制自己的情緒，所以一有情緒，可以說隨時發作；因此，吾人有必要教導幼兒在適當的時間、適當的地點，對適當的人表現適當的情緒。

9.學習判斷是非，並發展良知：三歲以前的嬰幼兒，較缺乏是非善惡的觀念，更沒有道德良知的概念；三歲以後，吾人可以開始以簡單、具體的實例，教導幼兒是非善惡的觀念，父母或老師最好能用日常生活的實例來指導，效果較佳；當是非觀念被啓發，道德良知也將隨之萌芽。

★六、影響幼兒發展的因素

　　幼兒的發展絕非個別的因素所能獨立影響，支配或影響幼兒發展的因素很多，而這許多因素間又彼此互相關聯，一般的影響因素可分為客觀因素與主觀因素兩大類，客觀因素又分為遺傳（heredity）與環境（environment）；主觀因素分為成熟（maturation）與學習（learning）。說明如下：

(一)遺傳與環境

　　所謂遺傳，係指經由受精作用個體生命開始之初，父母的生理、心理特質傳遞給子女的一種生理變化的歷程。此歷程係透過生殖細胞中的基因（gene）傳遞給子女，而構成一個具有父母特質的下一代。心理學家們常以實驗進行遺傳學的研究，而白鼠是常被選中的實驗對象，將具有某種行為特徵（或一定水準）的白鼠進行交配，然後觀測其後代有無顯示親代的特徵，實驗結果均證明某種學

習走迷宮的能力遺傳基因或特質,可以代代相傳。應用在人類行為,常以家譜、血緣關係的分析及雙生子對比研究,且常用來說明智力的遺傳因子;結果證實,血親關係的親疏與智力相關係數成正比(Bouchard & McGue, 1981)。

所謂環境乃指個體生命開始之後,其生存空間中所有可能對之產生影響的一切因素而言,人類自受孕開始,在母胎環境內成長,身心特質常受到母親的身心狀況所影響;出生以後,幼兒成長亦受地理、溫度、物產、家人關係、社區環境及教育文化因素等的影響,每個人所處的環境絕不會相同,因為他們絕不會於同一時間立身於同一地點,即使同一家庭中的兩個孩子,所處的環境縱然極其相同,惟仍會遇到不同的人、事、物對其影響而有不同的發展。華森(J. B. Watson)亦認為,不論孩子的天賦、能力、性向及種族來源為何,任何正常之嬰兒,他都可以將他們訓練成各種專業,如醫生、律師、藝術家,甚或乞丐或小偷。

遺傳與環境對幼兒發展的影響,已不是一個孰重孰輕的問題,「先天」最根本的物質就是基因,而基因之展現,立即與環境不可分,兩者缺一都不可能形成一個個體。誠如赫伯(Hobb, 1972)所說:在正常環境下,任何行為皆受制於遺傳;反之,在正常遺傳下,則又受環境的限制,個體自生命開始,即攜帶著父母的遺傳在生存的環境中生長發展,終其一生,亦即個體若沒有遺傳碼,根本無法踏出成長的第一步,同樣的,任何成長中的個體,皆必有較適當環境的支持,因此遺傳與環境兩個因素自始至終對個體都發生交互影響的作用。

(二)成熟與學習

　　成熟是個體在遺傳天賦的顯露，例如，坐、爬、站、走等基本動作技巧，是因個體成熟發展而來。學習則是經由練習與努力而發展，藉著學習，幼兒獲得能利用其天賦來源的能力，例如，游泳、溜冰、騎腳踏車或寫字等，如果剝奪練習的機會，則其天賦潛能將無法發展。

　　幼兒的發展必須靠機能的成熟才可以學習，而學習了以後，又可促進機能的成熟，例如，幼兒學寫字，必先賴手掌骨骼發展成熟以後，才可以開始學習，如此才可以學得好，寫得端正，也不會妨礙手掌骨骼的發展。同時，常常練習了以後，又可促進手掌骨骼更為茁壯。但從教育的觀點看，學習的「時機」是一個重要的關鍵，即什麼時候給幼兒學習的機會才能使幼兒的行為得到充分發展？古人揠苗助長的故事，就是重視外界的刺激而忽視成熟因素的最佳說明。

　　在個體發展的歷程中，成熟與學習兩因素一直發生交互作用，葛塞爾（Gesell, 1928）以同卵雙生子做爬樓梯的實驗，在出生後四十六星期時，兩兄弟都不會爬樓梯，此時起，每天令哥哥練習爬樓梯，而弟弟則不練習。在六星期的練習結束後，哥哥能以二十五秒速度爬到頂端，弟弟則不會爬。現在哥哥則停止練習，一星期後弟弟開始做兩星期的練習。然而他的成績竟趕上並超過了哥哥在練習六星期後所獲得的成績。弟弟之所以能有此種較佳成績，係因為開始練習時，個體比較成熟。而一星期後，等兄弟倆到五十四星期大時，表現爬樓梯的成績已極為相似。此實驗證明，個體在到達成熟階段時學習，則學習可以有事半功倍之效。

　　由上述說明，我們可以知道，在個體發展的歷程中，成熟與

學習兩因素一直發生交互作用。不過,此種交互作用又隨著個體生長程度的改變而改變。一般而言,個體愈是幼稚,成熟對其行為的支配力則相對漸增,再就行為的性質言,凡屬於共同的、基本的行為,如人類的基本動作發展,多數受成熟的支配,如吸吮、抓握、翻滾等。凡屬於特殊的、複雜的行為,多數受學習的支配,如人類語言、文字等。

七、幼兒發展的研究方法

「幼兒發展」這一門學科如果要更精進,就要多做相關的研究,研究幼兒的方法有很多,以下針對「以時間為基礎的設計」和「研究人的方法」來做說明。

(一)以時間為基礎的設計

近代幼兒發展學最重要的特徵是研究方法的科學化,因此,幼兒發展的研究也是一種科學的研究,其所採的研究方法,和一般其他相關領域的研究並無不同。常見的幼兒發展研究方法係以年齡為劃分標準,分為縱貫法(longitudinal method)與橫斷法(cross-ectional method)兩種。說明如下:

1. 橫斷法:在同一時間內就不同年齡層的對象中選出樣本(sample),抽選該年齡階段中具有代表性的一群,同時觀察不同年齡層不同樣本的行為特徵,其主要在求得個體發展歷程中某一(或某些)階段內行為特徵的常模性資料(normative data),例如,欲瞭解學齡前兒童各年齡層幼兒

之身高體重常模，即可使用橫斷法加以研究。因可在同一
短時間內對不同年齡組的幼兒做斷層式的研究，而獲得多
量的、概括性的行為發展資料，此即此法最大的優點——經
濟、節省時間與人力。但亦因資料非來自同一組對象，不易
發現行為發展的前後因果關係；又因此法偏重多數人的共有
行為特徵，而無法顧及同齡幼兒個別的差異，是為其缺點。

2.縱貫法：對被研究對象的不同年齡階段加以研究，觀察在不
同的年齡階段所表現的行為模式，例如，對同一幼兒或同一
群幼兒的各種行為特徵做追蹤式的研究，如從嬰兒到兒童以
至青少年各階段進行連續性、追蹤性的長期研究，即可發現
在行為發展歷程中各種行為特徵在質與量上變化的情形，經
由此研究，可清楚看到一個個體從小到大是如何成長的，同
時，經由對各時期影響行為因素的分析，也可以發現各種行
為的因果關係。如此順乎行為連續發展的原則加以研究，並
獲得行為發展的前後因果關係，是縱貫法的最大優點。亦因
追蹤研究曠日費時，時間經費頗不經濟，且易因被研究對象
的變動離散，不易完整的完成研究。

由上述討論我們可將橫斷法與縱貫法做一優缺點比較，如**表
1-2**：

(二)研究幼兒的方法

研究幼兒發展的方法有許多種，但不同的研究方法各有其優點
及缺點，若能依研究目的適切的加以選擇，將可獲致最佳的研究資
料。

表1-2　橫斷法與縱貫法優缺點比較

	優點	缺點
橫斷法	1.經濟——節省研究時間及經費 2.可獲致不同資料的典型特徵 3.可由同一個實驗者完成 4.沒有重複施測所帶來的不良後果 5.統計分析簡單，資料較易處理	1.無法提供幼兒變化及因果關係的資料 2.無法顧及同齡幼兒的個別差異 3.未考慮不同時間內文化或環境的改變
縱貫法	1.能分析幼兒的發展過程 2.能瞭解個體行為發展的前後因果關係 3.能分析影響個體行為發展的各種成熟與環境因素	1.較費時，常無法由同一個實驗者獨立完成 2.研究經費昂貴 3.所得數據不易處理 4.難以維持最初的研究樣本 5.必須時常以追溯的報告來補充資料

■直接觀察法

對幼兒來說，直接觀察法（observational method）是一種最簡單、也應用最廣的方法。是指直接對幼兒進行觀察，藉以收集研究資料，又可依觀察的情境控制與否，區分為以下兩種方法：

1. 自然觀察法（naturalistic observation）：以旁觀的地位，觀察幼兒在自然情境下的各種活動，以為分析及解決幼兒行為問題的依據。又依觀察的內容分為：

   (1)日記法：或稱傳記法，把每天觀察幼兒發生的所有行為加以記錄，以供研究。此法的優點是觀察的內容詳盡，但缺點是所費時間太多，很少有研究者可以達成。

   (2)限制自然觀察法：對研究內容和需要，限定觀察的範圍（如語言、攻擊行為或助人行為等）與時間（如每天規定觀察十五分鐘）。

2. 控制觀察法（control observation）：預先設計某種情境來影

響幼兒的行為，然後進行觀察，收集研究資料。通常是在幼兒觀察室內，事先設置適當情境（如玩具、受傷的小狗等），並安排被觀察的幼兒在觀察室內，觀察者在特別設置的單向透視窗（one-way-vision screen）外面觀察室內的幼兒對情境的反應。

觀察法所觀察到的僅是行為的表現，而無法得到為什麼會有這樣的行為。加以因研究者的不同，會受每個人主觀因素的影響而使觀察到的行為有所偏頗，因此觀察法並非一嚴密的研究方法，只有在研究人員具經驗且善於應用時，方能收集到需要的資料。

■間接觀察法

研究者透過第三者（如父母、老師、兄長），取得幼兒之資料，以為研究分析之依據，又依時間的差異分為以下兩種方法：

1. 徵詢法：對熟悉幼兒之第三者徵詢有關幼兒生活情形，依徵詢方式又可分為：
   (1)問卷法：編製一連串的問題，讓熟悉幼兒之第三者作答，藉以收集幼兒的資料。
   (2)晤談法：當面與父母、老師或其他瞭解該幼兒之人晤談，並做紀錄。
   (3)評定法：依一定之標準，請熟識幼兒的人，就所列項目評定等級。
2. 回憶法：讓幼兒之父母或較親近之人以回憶的方式，盡量說出幼兒成長過程中所發生之事。例如，在一歲六個月時，曾罹患過腦炎。
3. 測驗法（test method）：亦即心理測驗法（psychological test

method），是使行爲量化的主要工具，即以一組經過標準化的問題或一些作業讓幼兒回答，從其結果來瞭解幼兒的某些特質，如常用的智力測驗、人格測驗等，即是測量個人的智商水準與人格傾向的測驗。心理測驗的運用與解釋須由專業的心理測驗分析師爲之，否則過度推論與解釋不當，將造成幼兒或其親人莫大的傷害。

4.實驗法（experimental method）：實驗法的目的是欲探求行爲的因果關係，亦即它不僅想瞭解研究問題的「是什麼」，且進一步探求問題根源的「爲什麼」。亦即，在影響幼兒行爲的諸多因素中，除一或二因子（自變項）外，餘皆加以控制，然後觀察此一、二個自變項改變時，對依變項所產生的影響。如此，即可很清楚的看出其間因果關係的變化。從實驗的場地及範圍廣狹加以區分，又可分爲：

(1)實地實驗法（field experiment）：係指在實驗室之外，實際生活情境下進行的研究。

(2)實驗室實驗法（laboratory experiment）：在具有特別設備或特殊安排的實驗室內進行研究。

此兩種方法各有其優缺點，實驗室法因經特別設計，因而無法推論到此設計情境以外具有許多變數的情境；而實地實驗法，雖在一般生活情境下進行，其推論適用性較佳，但一般環境中變數太多，某一行爲的出現亦無法肯定即爲單一或某些因素之影響造成，因果關係難斷定。

5.個案研究法（case study）：是一種質化研究方法（qualitative research method），以一個幼兒爲對象，有系統地從幼兒本身與其關係人收集有關的資料，包括出生史、嬰幼兒期之情形、家庭狀況、社區自然及人文環境、學校生活等狀況。收

集資料的方法可爲觀察、心理測驗、深度訪談、醫學檢定、評估等，將所得資料做科學診斷、分析，以提出改進意見。爲新進發展心理學家所重視的一種方法。

關鍵詞彙

發展	心理社會學說
嬰兒	個案研究法
幼兒	認知發展學派
產前期	同化
行為學派	調適
制約學習	發展任務
古典制約學習	遺傳
成熟	縱貫法
橫斷法	觀察法
操作制約學習	自然觀察法
控制觀察法	正增強
間接觀察法	負增強
徵詢法	社會學習論
回憶法	性心理理論
測驗法	固著
實驗法	口腔性格
實地實驗法	實驗室實驗法

自我評量

1. 何謂發展？發展的變化類型有哪四項？

2. 試述幼兒發展的分期。

3. 人類發展都遵循著哪些普遍的原則？

4. 說明幼兒發展的理論。

5. 請表列說明幼兒的發展任務。

6. 說明正增強、負增強與懲罰的區別。

7. 說明佛洛伊德的性心理理論。

8. 說明艾力克森的心理社會學說。

9. 說明皮亞傑的認知發展理論。

10. 說明影響幼兒發展的主要因素。

11. 研究幼兒發展的方法，從時間取向觀之，可分為哪幾種？

12. 研究幼兒發展的方法，以人為基礎的設計，可分為哪幾種？

13. 現有一位五歲大的幼兒，被診斷為資賦優異，如你是一位研究者，想進行該幼兒資優成因的研究，請問你會採用哪種研究方法，以及如何進行？

參考資料

李宜賢等（2004）。《兒童發展——理論與實務》。台北：永大書局。

馬慶強（1996），高尚仁主編。〈發展心理學〉，《心理學新論》。台北：揚智文化。

郭靜晃、黃志成、黃惠如（2005）。《兒童發展與保育》。台北：空中大學。

黃志成等（2008）。《嬰幼兒保育概論》。台北：揚智文化。

賴保禎、張欣戊（1993）。《發展心理學》。台北：空中大學。

龔如菲（2001）。《嬰幼兒發展與輔導》。台北：啓英文化。

Bigner, J. J. (1983). *Human Development*. New York: Macillian.

Bouchard, T. J. & McGue, M. (1981). Familial studies of intelligence: A review. *Science, 212,* 1055-1059.

Erikson, E. H. (1963). *Childhood and Society*. New York: Norton.

Gesell, A. (1928). *Infancy and Human Growth*. New York: Macmillan.

Havighurst, R. J. (1972). *Developmental Tasks and Education* (3rd ed.). New York: McKay.

Hobb, D. D. (1972). *Textbook of Psychology* (3rd ed.). Philadelphia: W. B. Saunders.

Hurlock, E. B. (1978). *Child Development* (6th ed.). New York: McGraw-Hill.

Osborn, D. K. (1991). *Early Childhood Education in Historical Perspective* (3rd ed.). Athens, GA: Education Associates.

Pillari, V. (1998). *Human Behavior and Social Environment* (2rd ed.). New York: Wadsworth.

Chapter 2

身體發展

學習目標

1. 瞭解身體發展的週期

2. 瞭解幼兒期的身體發展特徵

3. 瞭解身體各系統發展的速率

4. 瞭解影響幼兒發展的因素

5. 瞭解促進幼兒身體發展的途徑

摘要

人體的生長發育並非直線上升，發展的速度也不是等速的，幼兒身體發展可分為四個顯著的時期，其中，出生到二歲及青春期為快速生長期。幼兒期的身體發展特徵如下：

1. 身高與體重：出生後第一年，身高的增加在比例上小於體重的增加，且男童較女童占優勢。

2. 骨骼的發展：在出生後第一年，骨骼發育最快，且幼兒骨骼中鈣質少而膠質多，韌性大易彎曲。

3. 牙齒的生長：幼兒的第一顆乳齒約在出生後六至八個月之間長出，在週歲時約長出六顆牙齒，至兩歲半時，二十顆乳齒已全長齊。

4. 感覺器官的發展：個體在出生後，感覺器官發育很快，視覺、聽覺、味覺、嗅覺、觸覺等感覺器官不斷的朝向成熟邁進。

5. 神經系統的發展：胎兒開始即快速發展，約三至四歲以後，生長才慢慢減緩。身體各系統的發展，按其發展曲線，分為淋巴系統、神經系統、一般系統及生殖系統。淋巴系統在十一、二歲左右發展達到最高峰；神經系統在最初的六年內以最快的速度發展著，六歲時已達成人的90%，十二歲已接近100%；一般系統包括骨骼、肌肉、內臟器官等全身組織的系統，在一至二歲時急速發展，兒童期則呈緩慢狀態；生殖系統在青春期時急起直追，二十歲左右發展大致完成。

影響幼兒身體發展的因素包括：遺傳因素、環境因素、養育方法等；而促進幼兒身體發展的途徑，則須注意以下幾點：營養、運動與活動、衣著、睡眠與休息、衛生保健及避免意外傷害。

一、身體發展的週期

人體的生長發育不是直線上升的，而是呈波浪式，發展的速度不是等速的，有時快些，有時慢些，交替著進行。對人類發展來說，其身體和生理的週期分為四個顯著的時期（Hurlock, 1978）：

1. 迅速生長期：從出生到二歲，發展十分迅速。
2. 緩慢生長期：兩歲以後至青春期之前，發展的速度逐漸緩慢。
3. 第二迅速生長期：自接近青春期（約十至十一歲）開始，至十五、十六歲左右，發展的速度驟增，形成第二個迅速生長週期。
4. 第二生長緩慢期：到了性成熟以後（約十六、七歲過後），發展的速度又開始由巔峰下降，恢復到緩慢的狀態，生長至成人而停止。

二、幼兒期的身體發展特徵

由上述發展週期觀之，人類的兩個快速生長期為兩歲以前的幼兒及青春期，以下僅就幼兒的身體發展特徵加以略述：

(一)身高和體重的發展

幼兒身體發展的主要標誌是身高和體重，因為它們代表著身體

內部各個器官，如呼吸、消化、排泄系統以及骨骼的發展，這也是嬰幼兒在體檢時首先須量度身高和體重的原因。

1. 身高：出生後第一年，身高的增加在比例上小於體重的增加。出生男嬰兒身高約五十公分，以百分等級（Percentile Rank）PR值50為例，一週歲約七十六公分，兩歲時約八十六公分，三歲時約九十六公分，四歲約一百零三公分，五歲約一百一十公分，六歲約一百一十六公分。就身體各部分的比例變化情形來看，出生後的前半年比例變化很小，隨之，開始有明顯的變化，軀幹與四肢成長較快，頭部較慢。出生後的最初六個月，頭圍增加很少，由於頭部的增大減慢，而軀幹、四肢都增長了，所以出生時那種十分明顯頭重腳輕的特徵，便逐漸消失。

2. 體重：出生時嬰兒體重約為三至三點二公斤，剛出生幾天，因適應外界環境及水分的流失，體重會減輕7%至10%，約五天後會回升；至第三個月約為六公斤，出生九個月後，體重的增加開始減緩，因此時嬰兒將很多能量用在爬、坐與走等行動上，而餵母奶的嬰兒在四至六個月後，體重的增加會比餵食牛奶者慢（Deway et al, 1993）。至週歲時以女嬰為例，一歲時為九點二公斤，二歲時為十二點二公斤，三歲時為十四點四公斤，四歲約為十六點四公斤，五歲時為十八點三公斤，六歲為二十點五公斤。

一般而言，身高與體重的發展，均為男童較女童占優勢，然兒童晚期因女童先進入青春期，身高與體重的發展反優於男童。一至六歲幼兒身高、體重分齡發展狀況如**表2-1**所示。

表2-1 幼兒身高、體重分齡發展表（百分等級=50）

	身高（公分）		體重（公斤）	
	男童	女童	男童	女童
一歲	76	74	9.8	9.2
二歲	86	86	12.4	12.2
三歲	96	94	14.7	14.4
四歲	103	102	16.5	16.4
五歲	110	109	19.0	18.3
六歲	116	115	21.0	20.5

資料來源：行政院衛生署（2003）。

(二)骨骼的發展

　　骨骼具有支撐身體、保護內臟的功能。在出生後第一年，骨骼發育最快，第二年逐漸減緩。幼兒骨骼中鈣質少而膠質多，韌性大而易彎曲，所以較不會有骨折、骨裂的現象，甚至因幼兒的骨骼尚未完全鈣化，所以，他的身體柔軟易曲，這也是為何嬰幼兒可以在仰臥時吸吮著自己的腳趾頭，或對幼兒的骨骼施以太大的、長期的壓力，極易使骨骼畸形的緣故。

　　嬰兒自出生後第一年就開始了骨化的現象，骨化與種族、遺傳、營養、疾病等因素有關，且女童較男童骨化為早，大骨架骨化較小骨架為早。

(三)牙齒的生長

　　嬰兒長牙的時間因種種因素，如遺傳、營養、健康狀況及性別等而有所不同。一般而言，幼兒的第一顆乳齒約在出生後六至八個月之間鑽出齒齦，在週歲時約長出六顆牙齒，至兩歲半時，二十

顆乳齒已全長齊。約至五、六歲時，乳齒開始脫落，恆齒則隨著年
齡的增長慢慢長出。長牙的先後順序比長牙的時間更重要，因爲長
牙的次序若不規則，下顎很可能變爲突出，而使牙齒排列不齊。恆
齒共有三十二顆，約在六、七歲時，由第一顆大臼齒開始長出，其
次在六至八歲時長出第一門齒，至十二、三歲，共長出二十八顆牙
齒，最後的第三臼齒（或稱智齒）要到十八至二十五歲才長出。牙
齒的生長順序如圖2-1所示。

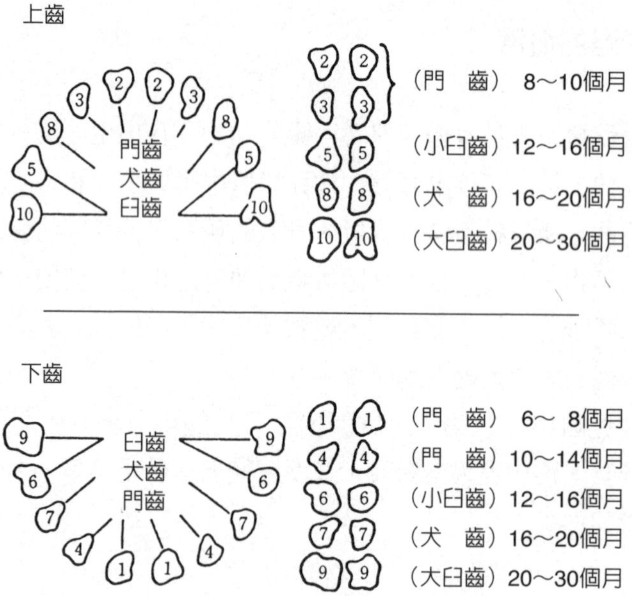

圖2-1　幼兒牙齒的生長順序圖

(四)感覺器官的發展

　　個體在出生後，感覺器官發育很快；嬰兒剛出生時，眼肌未完全發育，尚不能集中雙眼在同一物體上，所看到的東西都是模糊不清的，出生後一個月大時，即已開始能適應刺激，三個月後眼肌即能互相協調，且網膜上的錐狀細胞已經發育完全，而使嬰兒可以看到所有顏色了；而眼肌及視神經都在五歲以前逐漸成熟（李宜賢等，2002），也因此視力的調整與矯治應在五歲以前方具效果。出生時，嬰兒的聽覺是所有感覺中發展最慢的，很多嬰兒的中耳由於被羊水阻塞，所以在出生後的一、二天，常沒有普通聽覺反應，但自第三天到第七天已開始對一般的聲音有一些反應，慢慢地能分辨聲音的來處；兩個月大的嬰兒對講話聲音較其他聲音來得敏感，其後不久，即會對所有聲音有同樣的感受和反應。

　　味覺和嗅覺，在出生時均已發育完成，且感覺甚為敏銳，因此，成人的食物對幼兒而言，味道會變得太重，不適合幼兒食用。此外，對觸、壓、痛覺及溫度的感受亦極為靈敏，對輕微的碰觸也較長大後反應強烈。

(五)神經系統的發展

　　神經系統在胎兒期即發展很快，出生後仍繼續快速發展，約三至四歲以後，生長才慢慢減緩。出生時新生兒的腦重約三百九十公克，已達成人的四分之一，出生後腦重量隨年齡而增長，增長的速度是先快後慢。第一年腦重的增加最快，週歲時嬰兒的大腦已為出生時的兩倍半（陳月枝等譯，2002），以每天約一克的速度遞增，九個月時達六百六十公克，為成人的二分之一，滿兩歲時為成人的

四分之三,滿四歲時為成人的五分之四,六歲時約重一千二百八十克,達成人的十分之九,此後的增長即很緩慢,至二十歲左右停止增長。不過,腦部重量的增加並不是由於細胞數目的增值,而是來自神經細胞結構的複雜化以及神經纖維的增長,使得腦機能逐漸分化,並且趨於完善(游淑芬等,2004)。

估算頭圍的方式:新生兒出生時平均頭圍約三十四公分,一歲時約達四十五公分;二歲時約為四十七公分,三至四歲時兩年增長約一點五公分,之後則緩慢增長(陳幗眉、洪福財,2001)。

三、身體各系統發展的速率

身體各系統的發展,如腦、淋巴、腎上腺及生殖組織,一方面保持著彼此的關聯,同時又依循個別不同的型態生長(陳月枝等譯,2002)。個體主要系統的發展,按其發展曲線,分為下列四種:

(一)淋巴系統

包括扁桃腺、淋巴腺、腸的分泌腺等分泌組織的發育系統。淋巴系統機能,主要為殺菌、維持身體的健康,其在發育的第一個十年中表現出一種特殊的速度。這是因為幼兒時期機體對疾病的抵抗力弱,需要強有力的淋巴系統來進行保護。十一、二歲左右發展達到最高峰,已達成人時期的200%,表示十一歲左右的幼兒已獲相當的免疫力,身體健康達到最旺盛的階段。在第二個十年期間隨著其他各系統逐漸成熟和對疾病抵抗力的增強,淋巴系統則逐漸退縮。

(二)神經系統

　　包括腦髓、脊髓、感覺器官等系統。神經系統乃一切行為的基礎，出生後腦和神經系統的發育最快，在最初的六年內繼續以最快的速度發展著，六歲時已達成人的90%，十二歲已接近100%。

(三)一般系統

　　包括骨骼、肌肉、內臟諸器官等全身組織的系統。幼兒的身體發展嚴格服從「頭尾定律」，即由頭部、頸部、軀幹、下肢依序發展，且在一至二歲時急速發展，兒童期則呈緩慢狀態，到青春期急起直追，二十歲左右發展完成。

(四)生殖系統

　　包括睪丸、卵巢、子宮等生殖器官的發育。在幼年時期，即第一個十年幾乎沒有什麼進展，而在青春期時迅速發展，二十歲時發展完全成熟。

　　身體各系統發展速率如圖2-2所示。

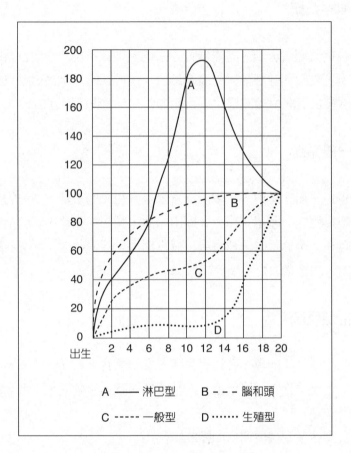

圖2-2 身體各系統發展速率

資料來源：Coursin (1972).

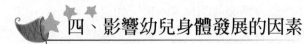

四、影響幼兒身體發展的因素

幼兒時期，身體的型態與構造，生理的組織與機能，除了受到先天遺傳基因的影響外，亦隨著環境和教養而發育滋長，茲分述如下：

(一)遺傳因素

遺傳受基因所支配，直系親屬，尤其雙親的遺傳，決定了子女身心諸方面的特質，就身體與生理方面來說，如身材高矮、皮膚、毛髮顏色、臉型、鼻梁高度、眼睛大小，甚至體內各器官的組織及功能等，大都決定於遺傳。無怪乎，子女酷似父母，常被人稱道：一個模子印出來的，就是基因遺傳所致。

(二)環境因素

環境為一複雜因素的組合體，不論是產前的母體環境，或是產後的環境衛生條件、營養狀況、活動場所、輻射及其他污染等，均是影響身體發展的主要因素。例如，根據布魯克斯岡恩和鄧肯（Brooks-Gunn & Duncan, 1997）的研究發現，家庭貧窮會影響兒童的生理健康，造成幼兒體重過輕、發展遲緩、體質薄弱。

(三)養育方法

良好的養育方法不但可以使幼兒養成許多有益身心發展的好習

慣，更可以排除許多妨礙身體發展的異常行爲（如偏食、拒食、夜夢不寧等）。如教育幼兒養成良好的飲食、睡眠、運動、清潔等習慣，自然其發育健康、正常。

五、促進幼兒身體發展的途徑

幼兒常無保護自身生存的能力，爲維護其健康，使其正常發育，父母及師長應善盡養護的職責，小心呵護幼兒的食、衣、住、行，尤其須注意以下幾點：

(一)營養

營養是促使幼兒身體發展最主要的途徑，不但要有足夠的營養而且還要均衡的攝取，並注意勿過量以免導致過胖。現今幼兒常有營養過剩（肥胖兒）的傾向，小林、楠和松田（1986）曾提到幼兒在四歲以內，以及十至十四歲間這兩個時期，其脂肪細胞會增殖（引自郭靜晃等，2005），若不留意，這些「增殖型肥胖症」的幼兒，到了成年往往還是肥胖，而引發許多身體健康的危機。

(二)運動與活動

要提供幼兒適當的活動空間及時間，讓幼兒有充分的活動及運動機會，以利其身體發展。其實，運動不僅有益健康，也能刺激幼兒各項發展，如大小肌肉、粗細動作、手眼協調、左右腦平衡等等，許多幼兒還能在運動過程中獲得滿足與快樂。

(三)衣著

　　幼兒的衣褲要合適舒服、寬鬆適體，使四肢得以自由活動、胸腰不受束縛、呼吸運動暢行無阻。購買時，可選擇稍寬大的服飾，以適應幼兒體格之迅速發育；衣服過小時，不宜勉強穿著，以免妨礙身體發展。

(四)睡眠與休息

　　從出生到幼兒期，每天仍有一半以上的時間在睡眠中度過，睡眠時間隨著嬰幼兒的成長而逐漸減少。為維持幼兒身體健康，其睡眠時間的早晚和時間的長短應適合年齡的需要。並且幼兒在每天活動以後應有充分的休息，絕不可過度疲勞。須知嬰幼兒在睡眠中，會分泌較多的生長激素，有助身高的增長。

(五)衛生保健

　　病原體常藉食物、飲水、空氣的直接接觸而侵入體內，幼兒的抵抗力弱，若無適當的保健，易生疾病。因此應注意幼兒身體、居家、社區的衛生，並培養幼兒有良好的衛生習慣，按時為幼兒檢查身體及實施預防接種，以預防疾病的產生。

(六)避免意外傷害

　　幼兒好動又好奇，且不懂得危險，許多意外事件因此而發生。赫洛克（Hurlock, 1978）認為二、三歲幼兒最易產生意外事件，其

次是五、六歲，輕則跌疼摔傷，重則可能變成殘廢，甚至死亡。因此，父母師長應時時防範幼兒因食物、藥物、遊戲、交通等意外傷害，確保幼兒身體正常發展。

關鍵詞彙

迅速生長期	淋巴系統
神經系統	一般系統
生殖系統	

 自我評量

1. 說明身體發展的四個週期。
2. 說明幼兒身高體重發展的特徵。
3. 說明幼兒骨骼發展的特徵。
4. 說明幼兒牙齒發展的特徵。
5. 說明幼兒神經系統發展的特徵。
6. 說明幼兒感覺器官發展的特徵。
7. 說明幼兒身體各系統發展的速率。
8. 影響幼兒身體發展的因素有哪些？
9. 促進幼兒身體發展的途徑為何？
10. 請查閱書籍或上網查詢各種營養素對幼兒身體發展的具體影響。

參考資料

行政院衛生署（2003）。台灣地區一至六歲男孩、女孩身高、體重生長曲線圖。

李宜賢等（2002）。《兒童發展——理論與實務》。台北：永大書局。

陳月枝等譯（2002）。《小兒科護理學（上冊）》。台北：華杏。

陳幗眉、洪福財（2001）。《兒童發展與輔導》。台北：五南。

郭靜晃、黃志成、黃惠如（2005）。《兒童發展與保育》。台北：空中大學。

游淑芬、李德芬、陳姣伶、龔如菲（2004）。《嬰幼兒發展與保育》。台北：啓英文化。

Brooks-Gunn, J. & Duncan, G. (1997). The effects of poverty on children. *The Future of Children and Poverty, 7* (2), 73-87.

Coursin, D. B. (1972). Nutrition and brain development in infants. *Merrill Palmer Quarterly, 18,* 177-202.

Deway, K. G. & others (1993). Breast-fed infants are leaner than foormulaufed infants at 1 year of age: the DARLING study. *Am. J. Clin. Nutr., 57*(2), 140-145.

Hurlock, E. B. (1978). *Child Development* (6th ed.). N. Y. : McGraw-Hill.

Chapter 3

動作發展

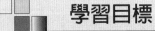

學習目標

1.瞭解嬰兒期的動作發展

2.瞭解嬰幼兒大肌肉動作的發展

3.瞭解嬰幼兒小肌肉動作的發展

4.瞭解動作發展的原則

5.瞭解影響動作發展的因素

6.瞭解動作發展的輔導方式

摘要

　　動作發展是由神經中樞、肌肉、神經的協調來控制，是一個連續、統整的歷程。初生嬰兒最先開始的動作行為大都為反射動作，完全不受自我意識的控制，嬰兒期的反射動作常見的有：巴賓斯基反射、達爾文反射、摩羅反射、探索和吸吮反射、退縮反射、降落傘反射、迷宮正姿反射、步行動作、爬行反射、游泳反射、防禦反應。

　　嬰幼兒動作發展遵循三個定律：1.頭尾定律：即從頭到尾的發展，愈靠近頭部的動作愈先發展；2.近遠定律：愈趨近軀幹的部分，動作發展愈早；3.由整體到特殊的發展：即普通的動作先出現，特殊的、高難度的動作發展在後。

　　影響動作發展的因素，可歸納為個體因素和環境因素兩大類，個體因素包括成熟、健康狀況、性別、智力、動機與抱負、錯誤的動作習慣。環境因素包括父母的管教態度、活動空間與器材、正確的指導與示範、練習、同伴與競爭。輔導幼兒動作發展的原則有：1.掌握各種動作發展的關鍵期；2.提供良好的環境及空間；3.提供更多的刺激物；4.合宜的衣著；5.親子遊戲。

　　由於右腦半球較發達或早期習慣的養成，造成幼兒使用左手的習慣；六歲以後幼兒慣用左右手習慣已定型。矯正幼兒左手習慣的原則包括：1.愈早愈好，最好在六歲以下；2.幼兒兩手都可以交互使用；3.改正過程不宜給予太大壓力；4.激起幼兒改變的意願及動機。

　　幼兒動作發展遲滯的原因有八項：1.受環境的限制，缺乏練習的機會；2.父母過分保護；3.服裝不合身；4.體型或身材的比例不合常態的標準；5.智力低下的幼兒；6.父母或師長管教態度不當；7.幼兒營養不良；8.缺少鼓勵與誘因。因此，父母在輔導時，應把握以下原則：1.建立幼兒自信心；2.發掘幼兒潛能；3.設法建立其人際關係；4.妥善安排幼兒參加活動；5.如係智能不足，則採特殊教育方式輔導。

一、嬰兒期的動作發展

人類的生命是開始於精卵細胞的結合，胎兒在兩個月時已略具人形，其動作的發展亦隨之產生，只是此時很微弱，只表示有活動能力而已，大約要到四個月左右，母親才能感覺出胎兒的動作，例如，他會移動他的軀體，轉動他的小臀部和伸伸他的小雙腿來活動。誕生之後，嬰兒即展開一連串適應、探索周圍環境的動作，此時我們稱為「反射動作」（reflex movements），一直要到三、四個月過後，嬰兒才開始他自己有目的的動作。一歲過後，嬰兒可以獨自站立，甚至開始學會走路，當幼兒會走路後，其他各種動作能力（如跑、跳、翻觔斗等）便相繼出現。到五歲的時候，人生的基本動作大都已經獲得。

所謂動作發展，即是由神經中樞、肌肉、神經的協調來控制，是一個連續、統整的歷程。初生嬰兒最先開始的動作行為大都為不受自我意識控制的反射動作，反射動作的特點為：刺激和反應都比較單純而固定，同一刺激常引起同一反應，為遺傳傾向，非經學習而來（黃志成等，2008）。之後，隨著月齡的增加，當神經系統成熟時，這些反射會消失而以較有目的、有方向、可隨意且具協調性的動作來取代。以下即略述嬰兒期的反射動作。

嬰兒自呱呱墜地以後，就開始探索這個新奇的世界，由於他的手眼及各部肌肉尚未發展成熟，所以他的動作發展可以說是沒有意識和沒有目的的反射動作。這些反射動作主要受外界環境所觸發，同時也是短暫又機械的動作，完全不受他主動控制，且此種動作具有覓食、防禦及適應外界的功能，直到幾個月後，這些反射動作就會自然消失而成為有意識、有目的的動作。初生嬰兒的反射動作常

幼兒發展

50

見的有以下幾種：

(一)巴賓斯基反射

巴賓斯基反射動作（Babinsky reflex），又稱足底反射，若輕輕撫摸新生兒腳掌，其腳趾便向外伸張，同時腿部也會搖動，這種反射在出生時就會出現，到四個月以後才逐漸減弱。

(二)達爾文反射

達爾文反射（Darwinian reflex），又稱拳握反射，用手或物品輕觸新生兒的小手心，他的手掌會蜷曲，並且把手中的東西緊緊抓著不放，此時嬰兒手中的抓握力很大。當他在吸吮時，手掌也會緊握。這種能力從出生即出現，在出生一個月以後開始減退，數月後即消失。

(三)摩羅反射

摩羅反射（Moro reflex），又稱驚嚇反射，是小兒科醫生最常用以檢驗嬰兒的項目，當新生兒突然受到痛、光、強音的刺激，或仰臥時輕敲腹部或使其　間失去平衡，會引起四肢衝擊運動，兩腳舉高兩手腕向內側彎曲做擁抱狀，此種反射從出生開始，到四個月以後逐漸消失，六個月以後若摩羅反射依然存在，可能表示中樞神經功能異常。

(四)探索和吸吮反射

以手指撫摸新生兒的臉頰時，他會把頭轉向手指的方向，稱為探索反射（rooting and sucking reflexes），若撫摸嘴唇上下方，則會用嘴去吸吮手指頭，這種現象在新生兒飢餓時尤其顯著，稱為吸吮反射，約三個月時會逐漸消失，取而代之的是有意識的吸吮反應（Sandar, 1987）。

(五)退縮反射

退縮反射（withdrawal reflex），係指以大頭針輕輕的刺激新生兒的腳掌，新生兒就會把雙腳縮回的反射動作。

(六)降落傘反射

降落傘反射（parachute reflex），從背後把新生兒直立抱起，並且迅速地把他往下降，他會把腳向外伸，手臂張開，像跳降落傘姿勢一樣，稱之降落傘反射（David, 1982）。

(七)迷宮正姿反射

迷宮正姿反射（labyrinthine reflex），是一種欲保持平衡的動作。其反應為在垂直時，若身體傾斜，頭部會向反傾斜方向偏，其作用是維持頭部的正姿，發生在出生後的第二個月，然後在週歲後變得更強。

(八)步行動作

步行動作（walking reflex），將新生兒直立抱起並且讓他的雙腳站在平坦的地板時，他會出現步行動作，新生兒首先會輕微地向前傾，然後逐漸交替雙腳走路（Sandar, 1987）。三個月以前的嬰兒步行是反射動作，跟成人步行不同，成人步行是由大腦皮質的運動區（motor area）所控制，而反射則由較原始的腦組織所控制。由反射動作轉化成自主動作之間的時期，大腦皮質會抑制反射動作，因此四、五個月大的嬰兒既無步行反射亦無法自主步行。

(九)爬行反射

爬行反射（crawling reflex），當新生兒俯臥時，在他的腳底施壓力或輕輕地用手指按腳底，他會同時使用上下肢產生爬行的反射動作（David, 1982）。

(十)游泳反射

游泳反射（swimming reflex），把新生兒俯臥放在水中，並且用手撐著他的頭部，他一方面會閉氣，一方面手腳會有節奏地伸張和收縮，好像在游泳一樣，而這種游泳反射動作產生的時期大約在新生兒出生七天至五個月之間（David, 1982）。

(十一)防禦反應

防禦反應（protective reaction），新生兒睡覺時，我們用毯子

覆蓋在他的臉部，他會轉動頭部，如果不能把毯子拿開，他就會把手放在臉上，並且企圖把毯子撥開，這種反射動作是屬於自衛反應的一種（Sandar, 1987）。

(十二)眨眼反射

眨眼反射（blinking reflex），幼兒看到閃光或向眼睛吹氣時，會將眼睛閉起來或眨眼睛，此反射動作不會消失。

二、嬰幼兒大肌肉動作的發展

幼兒期的動作發展若以種類來劃分可分為大肌肉動作（粗動作技巧）的發展和小肌肉動作（精細動作技巧）的發展兩類，現在以年齡的區分來介紹大肌肉動作的發展。

嬰兒在兩個月時能自己抬胸，算是自主動作發展的開始，此時嬰兒對自己的手亦非常有興趣，常玩弄自己的小手且仔細的觀看和研究，到兩個半月時，就會觀看手裡的東西，再把它放到嘴裡咬咬看，這是嬰兒探索世界的方式。嬰幼兒動作發展與位移順序依次為：一個月【微微抬頭】→二至三個月【抬頭】→三至四個月【翻身】→五至六個月【抬胸】→七個月【獨坐】→八個月【爬行】→十個月【扶著桌椅行走】→十一至十二個月【獨立站】→十三至十八個月【獨立行走】（郭靜晃，2005），嬰兒期的動作發展如**表 3-1**，幼兒期的動作發展如**表3-2**。

表3-1　嬰兒期的動作發展

動作 月齡	粗 動 作	精 細 動 作
一個月	1.俯臥時偶爾可微微抬頭並轉向另一側 2.俯臥時會有爬的動作（爬行反射） 3.驚嚇反射	1.頭與眼一起轉動 2.尋乳、吸吮反射 3.巴賓斯基反射 4.手常握拳，呈緊握狀態（抓握反射）
二個月	1.俯臥時能將頭抬起四十五度 2.俯臥時能短暫的將胸部抬離床面 3.能從側臥翻成仰臥 4.交替著踢腳	1.眼睛能隨移動物品或人而轉動 2.能短時間握住放在手裡的玩具 3.喜歡將手放入口中
三個月	1.俯臥時能將頭部抬起四十五至九十度 2.有支持時，會彎著背及屈著膝而坐 3.能由俯臥翻成仰臥	1.眼睛可凝視自己的手及玩自己的手 2.開始揮抓物品，但不一定總是抓得到
四個月	1.成坐姿時，頭部穩定不再向後倒，且背部彎曲減少 2.在有足夠的扶持下可以坐直 3.反射漸消失，而漸以具控制的動作取代 4.能由仰臥翻成側臥	1.張開手指抓東西，並把東西放入口中 2.能抓住搖晃小物件
五個月	1.臥姿拉成坐姿時，頭不向後倒，背可以挺直 2.抱成站姿時，雙腿可支持自己大部分的體重 3.能由仰臥轉成俯臥	1.開始運用拇指及其他手指的相對位置 2.可隨意撿起東西，較少失誤 3.用整個手抓東西（手套抓法） 4.兩手一起抓
六個月	1.不用支持可短暫的坐著 2.抱持時，雙腿幾乎可以支撐全身的體重 3.能自由翻身	1.能將小物件由一手交到另一手 2.能將握在手上的物品敲擊以發出聲音；以拇指與其他四指相對抓東西 3.能伸手抓物，通常把物品放入口中

（續）表3-1　嬰兒期的動作發展

動作 月齡	粗 動 作	精 細 動 作
七個月	1.不須扶持能自己坐穩 2.雙腿能完全支持體重	1.坐著時能自取兩塊積木且兩手各 　拿一塊 2.用單手抓玩具，且在桌上敲
八個月	1.獨坐得很好 2.以腹部伏在地上、四肢游動的方 　式爬行	1.開始會用食、中指及拇指底部做 　鉗抓動作 2.憑意願放下物品
九個月	1.會爬著走（腹部抬高，與地面平 　行，用雙手及膝蓋移動） 2.能扶著東西維持站立的姿勢	1.更熟練地用鉗抓方式抓起小物件 　的動作 2.以推、拉、拖、抱的方式操縱物 　體 3.能握住奶瓶，將奶瓶放入口中
十個月	1.藉攀扶能自己站起來 2.站不久長跌坐地上	1.可以熟練地撿起小物品 2.自己吃手上的食物 3.控制嘴唇靠近茶杯喝水 4.喜歡丟擲東西
十一個月	1.用一手扶著可支撐的東西，能挺 　直的站著 2.牽著成人的手或扶著家具走動	1.能執行精細的鉗抓動作，如：撿 　起葡萄乾的細小東西 2.能將手上的東西交給別人
十二個月	1.能短暫時間獨站 2.能扶家具移步	1.能握住杯子喝水，但需大人的協 　助扶杯子 2.能將東西放入容器中
十八個月	1.可以走得很快 2.牽著他或扶著欄杆可以走上樓梯 3.能不須扶東西，自己由坐或躺的 　姿勢站起來 4.在少許支撐下能蹲下或彎腰撿起 　地上的東西，然後恢復站的姿勢	1.會用筆亂塗 2.會把瓶蓋打開 3.已開始較常用特定一邊的手

資料來源：郭靜晃（2005）。

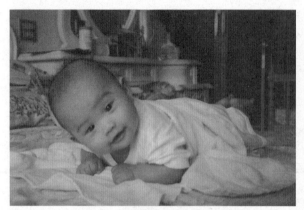

俯臥抬頭

有支撐坐直

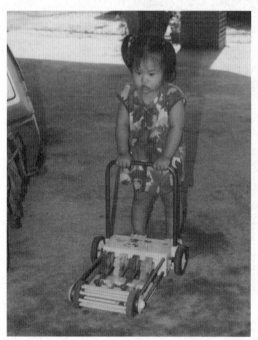

扶物移步

抬腳

表3-2 幼兒期的動作發展

年齡＼動作	粗 動 作	精 細 動 作
二歲	1.會自己上、下樓梯，但仍是雙腳在同一階，再上或下第二階 2.會向前踢球 3.會自己由椅子上爬下來 4.開始會跑 5.雙腳離地跳躍	1.重疊兩塊積木 2.會一頁一頁的翻圖畫書 3.會將杯子的水倒到另一個杯子 4.會開門，轉門鎖
三歲	1.會踩三輪車 2.跑得很好 3.雙腳交替上樓梯 4.大幅度的跳躍	1.舉手過肩的投擲動作 2.模仿畫直線、平行線或交叉線 3.自己刷牙、洗臉 4.把東西放入窄頸瓶裡
四歲	1.能跳過障礙物 2.雙腳交替下樓梯 3.單腳跳躍 4.平穩地持球	1.會使用剪刀 2.向大人般拿筆拿得很好 3.會扣釦子、穿襪子
五歲	1.玩跳繩 2.以雙手接住反彈的球	1.手臂做對角線投擲之動作 2.會繫鞋帶
六歲	1.騎腳踏車 2.玩輪鞋	成熟的投球、接球動作

資料來源：郭靜晃（2005）。

單腳跳躍

雙手舉物

三、嬰幼兒小肌肉動作的發展

嬰幼兒的站與走屬於大肌肉（即粗動作）的發展，而小肌肉（精細動作）的發展則以手的拿取動作最為重要，包括伸、抓、放三個動作，其中又以抓的部分最為複雜。嬰兒出生時就有手臂與手的動作，例如：手掌的開合、手指的伸張等，但此時為一種沒有目的的動作，因為三個月前的幼兒無法支配他的一雙手，直到四、五個月，手眼協調了，有目的的動作才算開始。幼兒拿取動作的發展方向，是由手掌向手指的方向進行及從全手掌的抓握，進而到大拇指與食指的輕巧拿取。

四、動作發展的原則

第一章曾經提及幼兒的發展常遵循可預知的模式或定律，即頭尾定律（從頭到腳的發展）、近遠定律（從軀幹到四肢的發展）及由整體到特殊動作的發展，幼兒的動作亦循此三大定律發展，茲分述如下：

(一)頭尾定律

頭尾定律（cephalocaudal principle）即由大肌肉的動作發展順序，可以觀察此定律。即從頭到尾的發展，愈靠近頭部的動作愈先發展，因此眼、嘴的肌肉控制早於手臂，而手臂又早於下肢，也因此，腿及腳部在最後發展，例如：抬頭→俯撐→翻身→坐→爬→站

立→行走，也就是離頭部最近的動作先發展，靠足部的後發展（陳幗眉、洪福財，2001）。

(二)近遠定律

近遠定律（proximodistal principle）即由身體的中央（即脊椎）為起點向邊緣發展。因此軀幹的發展在先，四肢的發展在後，亦即愈趨近軀幹的部分，動作發展愈早，愈遠則愈晚。由此可知，手部動作的發展是肩的發展早於手臂，手臂的發展早於手掌，最後才是手指。

(三)層次組合定律

層次組合定律（hierarchical integration principle）又稱為由整體到特殊的發展。動作的發展是以低層次、簡單的、分化較不精細的動作先出現；較高難度之動作或較精細動作是低層次的單一動作反覆練習，並加以組合而成（游淑芬等，2004）；也就是由一般反應到特殊反應，再由特殊的到集中的，亦即低層次的、普通的動作先出現，特殊的、高難度的動作發展在後。

現代社會，許多父母望子成龍，望女成鳳，往往在子女學齡前就教導其學寫字，總希望自己的子女贏在起跑點上，從幼兒動作發展的原則觀之，學前階段幼兒不宜以手握筆寫字，理由說明如下：

1. 幼兒動作發展係依照「近遠定律」：在學前階段，幼兒發展以軀幹及手臂為主，亦即粗動作之發展，至於手指之精細動作，尚屬萌芽或訓練階段，故不宜以手指握筆寫字。
2. 動作發展依賴「成熟與學習」：學前幼兒欲習寫字，必賴手

指發育成熟後才可學習，然此時幼兒握筆能力尚未成熟，故最好不要學寫字。

3.動作發展是從「一般反應到特殊反應」：寫字可以說是動作發展上之特殊反應，不須在學前階段為之。

五、影響動作發展的因素

影響幼兒動作發展的因素很多，且這些因素常交互作用，一般可歸納為個體因素和環境因素兩大類：

(一)個體因素方面

1.成熟及年齡：許多研究都證實，年齡是影響幼兒動作發展的主要因子，隨著年齡增長，幼兒的運動肌肉、神經亦逐漸成熟，遂使其他發展亦日益成形。根據張慧敏（2007）的研究，早產孩童在感覺統合等各項動作發展均較足月出生孩童差。謝扶成（2002）研究發現，年齡會影響幼兒的走步形式。又如，幼兒由起立而行走，不僅僅是用腿與腳，還須依賴身體其他部分協調運動的成熟，如頭與軀幹要能挺直，手臂前後擺動，眼與腦已能協調等。廖彥妮（2004）研究發現，在大肌肉動作發展上，年級較高兒童比年級較低兒童好。劉純忠（2004）研究發現，四至六歲階段的男童，在立定跳遠運動中的動作隨著年齡的增長而逐漸發展成熟。吳晏慈（2004）以貝萊氏嬰幼兒發展量表第二版作為研究工具發現，與動作發展分數明顯相關的影響因素為年齡。

2.健康狀況：根據廖彥妮（2004）的研究發現，在移動性動作發展上，「體重正常」的學童較「體重過重」的學童動作發展較佳。劉純忠（2004）研究發現，四至六歲的男童，體格較高大者，立定跳遠的動作表現較成熟，成績表現也較優異。健康的幼兒，精神愉快，體力充沛，方可習得許多動作技能，適度的營養亦是影響幼兒動作發展的因素。反之，健康狀況發展欠佳的幼兒則動作發展相當緩慢，肢體殘障、智能障礙幼兒亦將影響動作之順利進行和發展。

3.性別：性別對於嬰兒期動作的發展並非主要的決定因素，事實上，嬰兒時期，男女動作的發展並無多大區別，直到幼兒期，由於受父母角色期待及社會化的影響，性別角色逐漸影響幼兒的動作發展，因此男孩被教養從事粗獷活動，女孩則通常從事細緻活動。然而也有研究發現動作發展不因性別而有差異，根據王常義（2004）研究發現，桃園縣忠貞國小四年級學童移動性動作分測驗的得分，男女學童間並無明顯差異。

4.智力：根據王琪珍（2001）的研究發現，低體重臨界智障組兒童其精細動作發展遲緩率是低體重正常智力組的七點二倍。低體重臨界智障組粗大動作發展遲緩率是低體重正常智力組的2.9%，由此可知，智力會影響動作發展。丁麗珍（2002）研究發現，學前兒童感覺統合運動能力與智力「部分」有相關。

5.動機與抱負：個體之動機愈強，學習能力愈佳；幼兒活動的動機愈強，動作的發展愈佳；且對其動作本身持有適當的抱負水準，則其動作的發展較佳。

6.錯誤的動作習慣：錯誤的動作若自幼兒起即養成習慣，如慣

用左手，非但改變困難，且妨礙進步。

7.學業成績：根據蔡志鵬（2004）的研究發現，學業成就表現較佳之兒童其大肌肉動作發展表現愈成熟。

(二)環境因素

1.父母的管教態度：根據王琪珍（2001）的研究發現，動作發展遲緩兒童的家長之親子互動方式多以責備或貶損、抓捏及打罵方式的比率，明顯高於動作發展正常兒童的家長。可見，父母的管教態度直接影響幼兒的動作發展，若父母的要求過於嚴格，將使幼兒產生排斥心理並降低學習興趣；若未考慮幼兒骨骼的發展，提早訓練其動作技能，如寫字、繪畫等，將產生揠苗助長的負面影響；若父母過度保護，亦將剝奪幼兒學習機會，影響其動作發展的速度。

2.活動空間與器材：寬廣的活動空間與安全多變化的遊樂器材有利於幼兒的動作發展，因此居家、學校或社區環境能否提

開車

供足夠的活動場所及安全多樣的遊樂或運動器材，均會影響幼兒的動作發展。

3. 正確的指導與示範：父母或師長給予幼兒正確的指導和示範，可避免幼兒不當動作造成之傷害，並免於嘗試錯誤學習，加速幼兒的動作發展。此外，師長的指導態度是否和悅及有耐心，均將直接影響幼兒的動作發展。根據王琪珍（2001）的研究發現，經動作訓練方案的介入後，幼兒的動作發展有明顯的進步。王淑清（2004）研究發現，在精細動作發展方面，教學法的不同對幼兒的影響有顯著差異，蒙特梭利實驗教學法的幼兒優於單元設計教學法的幼兒。而蒙特梭利實驗教學在精細動作的發展方面，男幼兒因不同的教學法而有顯著差異，女幼兒則無差異。

4. 練習：如同一般的技能「熟能生巧」，練習的次數愈多，動作技能將愈純熟發展，因此父母及師長應多帶領幼兒從事大小肌肉的運動與娛樂，多提供練習的機會。根據王琪珍（2001）的研究發現，經動作訓練方案的介入後，動作發展測驗分數增加的幅度顯著提高。

5. 同伴與競爭：同伴愈多，愈能提供更多動作學習的機會；同伴間相互的模仿、競爭與表演，更可使幼兒在活動中快樂的學習。

6. 種族：根據艾旭毅（2004）的研究發現，移動性動作發展上原住民女童之表現較非原住民女童為佳。王常義（2004）研究發現，在移動性動作分測驗常模部分，桃園縣平鎮市忠貞國小四年級學童（九至十歲）明顯比美國同齡學童的表現差，尤其是立定跳與單足跳兩項動作，該校學童表現明顯不佳。由此可知，動作發展會因種族的不同而有不同。

✦ 六、動作發展的輔導

　　幼兒自出生後即開始手的抓取動作，以此動作進行的遊戲即
爲幼兒生活中主要的任務。然而生活空間的狹窄，已影響幼兒充分
學習及發展的機會，因此，身爲父母及師長輔導幼兒學習動作時，
不僅需要瞭解幼兒動作發展的基本知識，更應將理論與實際加以應
用，眞正提供幼兒發展和學習的機會。茲提供輔導注意事項如下：

(一)一般動作的輔導原則

1. 掌握各種動作發展的關鍵期：個體的動作發展均有一學習上
　 的關鍵期，所謂關鍵期，意指個體在發展過程，有一個特殊
　 時期，其成熟程度最適宜學習某種行爲，若能及時給予學習
　 的機會，有事半功倍之效。但是，必須提醒的是幼兒發展的
　 成熟度應是考量的前提，亦即在訓練動作時，必先因成熟而
　 達到學習的準備狀態（readiness），過早或過度的訓練或指
　 導僅具事倍功半之效，且會影響幼兒的正常發育。

2. 提供良好的環境及空間：幼兒學習各種動作，有賴適當的環
　 境及空間，如此才能盡情發揮。

3. 提供更多的刺激物：除了良好環境外，應給予更多的玩具及
　 遊戲器材，使幼兒在遊戲活動中，實際去觸摸、把玩，促進
　 動作發展。例如，粗動作技巧的相關器材，可設置培養平衡
　 力的器材，如平均台、梯子、滑板等；培養移動力的器材有
　 爬梯、攀爬設備、跳躍器材等；培養手部操弄能力的器材，
　 如各式大小軟硬球、大小珠子等。精細動作技巧則可利用各

種角落教學來輔導，例如放置積木角、圖書角、美勞角、娃娃角、木工角等。在放置各類設施或使用器材之前，首須考慮下列因素（David, 1982）：

(1)是否合乎安全與衛生？

(2)是否能吸引幼兒的興趣？

(3)是否適合幼兒的發展和成熟度？

(4)是否實用？

(5)在經濟方面是否可行？

(6)是否可在父母或老師的視線範圍內和指導下活動？

(7)是否在時間上具持久性？

4.衣著：為幼兒選擇衣服時，要注意衣著的舒適寬鬆，便於幼兒活動，不應給他太大的束縛，以免妨礙幼兒的動作發展。

5.親子遊戲：父母親宜常和子女一起遊戲，除可增進親子間感情交流外，更可隨時給予動作上的指導及適時提供回饋，使

藉由玩具促進動作發展

幼兒透過指導而自我修正，以建立正確的動作技能。

(二)慣用左手的輔導

可能由於遺傳、腦部右半球較發達或早期學習的影響，造成幼兒使用左手的習慣，亦即俗稱的左撇子或左利。幼兒左右手習慣的養成過程，Beaty（1986）認為：一般而言，幼兒在一歲時使用雙手取物，但已有輕微慣用某手的習慣；兩歲時，有50%慣用某一手；三歲時70%慣用某一手；四至六歲有明顯偏好傾向；六歲時幾乎已固定慣用左右手；直到十一歲則已建立用手習慣。慣用左手之幼兒可能會因與同伴有異而被取笑，產生自卑感，進而影響其自我概念和態度。此外，左利的幼兒將不適於右手優勢的社會，因目前的教學方法、設備、器材多為右利者而設計，若幼兒慣用左手，則可能會阻礙學習，甚至易發生意外傷害，故最好加以矯正。例如，宜將物體放在幼兒的右手邊，或當幼兒用左手取物時，使用遊戲的方式，將物體有技巧的換至右手，惟矯正時應和諧漸進，以免使幼兒發生語言或情緒上的不適應。

希爾德雷（Hildreth）提出五項矯正幼兒左手習慣的原則（Beaty, 1986）：

1.愈早愈好，最好在六歲以下。
2.幼兒兩手都可以交互使用。
3.改正過程是漸進的，不宜給予太大壓力。
4.激起幼兒改變的意願及動機。
5.幼兒智力在中等以上。

七、動作發展遲滯的原因及輔導

幼兒動作發展遲滯的原因很多，可歸納成以下八項：

1. 受環境的限制，缺乏練習的機會。
2. 父母過分保護，過分驕縱，事事皆代替幼兒去做幼兒該做的事。
3. 服裝不合身，如給幼兒穿太緊或太寬鬆的衣服。
4. 體型或身材的比例不合常態的標準，妨礙幼兒活動。
5. 智力低下的幼兒，對動作的學習呈現遲緩的現象。
6. 父母或師長管教態度不當，造成幼兒心理上形成恐懼與焦慮感，減少幼兒活動的動機。
7. 幼兒營養不良，身體衰弱。
8. 缺少鼓勵與誘因。

上述原因，可歸納為幼兒本身的因素、父母或師長的因素及環境的因素三大類，輔導時除應針對父母不良的保育措施進行必要的教育外，更應自幼兒本身著手：

1. 建立幼兒的自信心：當幼兒有正確的動作出現時，立即給予鼓勵，如此可以培養幼兒的自信心。
2. 發掘幼兒潛能：在各種粗細動作技能中，幼兒的能力通常不是均衡發展的，有些能力較強，有些則較弱。吾人可提供多樣性的玩具，並教導各種遊戲，從觀察中來瞭解各種能力（如爬、走、跑、跳、蹲、拿、捏、推、拉、平衡等）的強弱，配合各年齡層動作的發展任務，對於強項再精進，對於弱項則補強。

3.設法建立幼兒人際關係：人際關係的增進，有利於幼兒發展
　社會行為，進而增加其玩伴，在各種遊戲及玩具中，均有利
　於幼兒粗細動作發展。

4.妥善安排幼兒參加活動：許多戶外活動，如盪　韆、溜滑
　梯、旋轉馬、攀登架、爬山、爬階梯、打球、翻滾等，對幼
　兒動作發展均提供助益，因此，父母及老師應為幼兒安排各
　種活動，促進幼兒動作發展。

關鍵詞彙

動作發展	步行動作
反射動作	爬行反射
巴賓斯基反射	游泳反射
達爾文反射	防禦反應
摩羅反射	頭尾定律
探索和吸吮反射	近遠定律
退縮反射	由整體到特殊的發展
降落傘反射	左利
迷宮正姿反射	

自我評量

1.嬰兒期常見的反射動作有哪幾種？

2.試表列說明嬰幼兒期粗動作的發展情形。

3.試表列說明嬰幼兒期拿取動作的發展情形。

4.試述幼兒動作發展的原則。

5.試說明學前階段幼兒不宜以手握筆寫字的理由。

6.影響幼兒動作發展的因素有哪些？

7.幼兒動作發展的輔導原則為何？

8.左撇子造成的原因為何？矯正的原則有哪些？

9.影響幼兒動作發展遲滯的原因有哪些？

10.幼兒動作發展遲滯的輔導方法為何？

11.試著找一個一歲以內的嬰兒，評估他的動作發展所遵循的原
　　則為何？與同學分享你所觀察到據以評估的動作是什麼？

參考資料

丁麗珍（2002）。《學前兒童感覺統合運動能力與智力發展之相關》。台北市立體育學院運動科學研究所碩士論文。

王常義（2004）。《TGMD-2「移動性動作分測驗」常模之建立——一個桃園縣忠貞國小四年級常模》。台北師範學院教育政策與管理研究所碩士論文。

王淑清（2004）。《蒙特梭利實驗教學法與單元設計教學法對幼兒身體動作發展影響之比較研究》。台灣師範大學家政教育研究所碩士論文。

王琪珍（2001）。《低出生體重伴隨臨界智能障礙學前兒童之動作發展研究》。彰化師範大學特殊教育研究所博士論文。

艾旭毅（2004）。《原住民與非原住民學童大肌肉動作發展之比較研究》。台北師範學院教育政策與管理研究所碩士論文。

吳晏慈（2004）。《貝萊氏嬰幼兒發展量表第二版應用於台灣正常足月兒的跨文化研究》。台灣大學物理治療學研究所碩士論文。

張慧敏（2007）。《六至七歲無明顯障礙早產孩童感覺動作發展狀況之探討》。台北教育大學特殊教育學系碩士論文。

郭靜晃（2005），郭靜晃等編。〈動作發展〉，《兒童發展與保育》。台北：空中大學。

陳幗眉、洪福財（2001）。《兒童發展與輔導》。台北：五南。

游淑芬、李德芬、陳姣伶、龔如菲（2004）。《嬰幼兒發展與保育》。台北：啓英文化。

黃志成、高嘉慧、沈麗盡、林少雀（2008）。《嬰幼兒保育概論》。台北：揚智文化。

廖彥妮（2004）。《國小學童大肌肉動作發展之比較研究》。台北市立師範學院體育研究所碩士論文。

劉純忠（2004）。《四至六歲男童立定跳遠動作與成績表現之研究》。國立體育學院運動科學研究所碩士論文。

蔡志鵬（2004）。《不同性別國小學童大肌肉動作發展與學業成就之相關與差異》。台北師範學院教育政策與管理研究所碩士論文。

謝扶成（2002）。《平衡木上走步形式的改變：環境與年齡效應》。台灣師範大學體育研究所碩士論文。

Beaty, J. J. (1986). *Observing Development of the Young Child*. Ohio: Merrill.

David, L. G. (1982). *Understanding Motor Development in Children*. N.Y.: John Wiley & Sons.

Halverson, H. M. (1931). An experimental study of prehension in infants by means of systematic cinema records. *Genet. Psych. Monograph, 10,* 107-286.

Lamb, M. E. & Campos, J. J. (1982). *Development in Infancy*. New York: Random House.

Sandar, A. (1987). *Early Childhood Development: Prenatal through Age Eight*. Ohio: Merrill.

Chapter *4*

智力發展

學習目標

1.瞭解智力的意義與迷思

2.瞭解智力的五種理論

3.瞭解智力發展的速率及差異

4.瞭解影響幼兒智力發展的因素

5.瞭解智商的意義及分布狀況

6.瞭解啓發幼兒智力發展的方法

摘要

智力具有三個層面的含義：1.智力是個體適應環境的能力；2.智力是個體學習的能力；3.智力是抽象思考的能力。

人類的智力究竟包含哪些因素，有五種理論加以說明：

1. 傳統智力理論：又可分為二因素智力理論（智力包括二種因素：G因素及S因素）、多因素智力理論（智力分為三類：社會智力、具體智力和抽象智力），及群因論智力理論（包含七種智力能力：語文理解、語詞流暢、數字運算、空間關係、機械記憶、知覺速度、一般推理），後來基爾福（J. P. Guilford）又提出「智力結構模式」，將智力結構分為三個向度的立方體，三向度分別代表處理訊息的運作（operations）、內容（contents）和結果（products）。
2. 近代智力理論：包括智力型態論（包含流體智力及固體智力）、多元智能論（主張人類的心智包含八種基本能力，即音樂能力、知人能力、邏輯數學能力、語文能力、內省能力、空間能力、肢體運作能力及自然觀察智能）。

人類智慧的發展是由遺傳與環境交互作用的結果，因此，啟發幼兒的智力發展，應從均衡的營養、提供適當的刺激、參與幼兒活動，以及給予更廣、更豐富的學習環境著手。

一、智力的意義

在人類的各種心理特質中，最廣受重視的，就是智力（intelligence），尤其在各級教育階段轉換時，智力測驗常被廣泛地使用，用以預測學校成就（school achievement），以作爲學生能力分組的依據。究竟智力是什麼？是智商（intelligence quotient, IQ）？智慧（wisdom）？還是某一方面特有的能力？爲什麼它可以用來作爲能力分班的依據？

在實際生活裡我們常常會發現相似的例子：有些頗有成就的人智商不高，而許多高智商者卻表現平平，乏善可陳。到底智力是什麼？許多人如同上述的例子混淆不清，或有所懷疑，亦有許多人對它造成誤解，楊國樞（1986）特別針對一般人對智力的誤解做了一番澄清：

(一)智力不是智慧，也不是智商

智力與智慧兩種能力並不相同，一個人可以有很高的智力，但可能沒有很好的智慧（楊國樞，1986），例如，有人益智型電動玩具打得很好，下棋下得很好，電腦程式設計能力很強，但對於實際生活與人際關係卻處理得不好，前者是抽象思考能力的運用，受智力影響較大，而後者則屬於社會歷練，是智慧的運用，受後天環境之影響較大。智商與智力亦不相同，以心理年齡除以實足年齡之商數，再乘以一百，即爲智力商數，是表達智力的一種指標而已，採用不同的智力測驗，可能就有不同的智商。

(二)智力不代表創造力

研究發現，若以智力中上之群體為樣本加以研究，則發現智力與創造力之相關並不高。易言之，高智力者未必具有高創造力，而高創造力者則至少須具備中等以上的智力（黃志成，2004）。智力測驗所評量的較屬個體的「聚斂性思考」，創造力測驗所評量的則較屬個體的「擴散性思考」；且一般而言，智力受先天決定的成分較大，創造力則可藉後天之訓練而獲致明顯的效果（張春興，1992）。

(三)不應過分相信智力與學業成就間的相關性

智力測驗對於學業成就具有重要的預測能力固然不錯，且智力測驗所預測的最主要的也是學業成就，但我們更須知道，影響幼兒學業成就的因素極多，除智力外，諸如健康狀況、情緒、動機、父母師長的態度、過去經驗、教材教法等等，皆對幼兒的學業成就有明顯的影響。因此，相同智力的幼兒，由於這些因素不盡相同，其學業成就也可能互異，甚至資賦優異兒童也可能出現低成就的現象。因此各種能力測驗（包括智力測驗）皆僅止於評量目前的表現（current performance），而非評量其天賦的能量或潛能，任何根據智商而對幼兒之能力、未來狀況所做的推論僅能作為參考。

在對智力的概念做了一番澄清之後，我們不禁會問：到底什麼是智力？迄今心理學者對它尚無共同認定的定義，如Sattle（1988）認為，智力是對環境的判斷與適應的能力、學習的能力、解決問題的能力、抽象思考與推理的能力；張春興（1996）則將智力區分為概念性及操作性的定義；《心理學大辭典》中的定義則

爲：智力是指各種能力，即觀察力、記憶力、思維能力、想像能力
的綜合，其核心成分是抽象思維能力（朱智賢，1989）。以下即綜
合各派說法歸納出三項大多數學者均認同的定義：

■智力是個體適應環境的能力

此學派係由生物學的觀點界定智力，以爲智力是適應新生活和
解決新問題的能力。適應能力的大小，就是個體智力高低的表現。
智力高的個體，遇有新的環境，多能隨機應變，應付自如。

■智力是個體學習的能力

此學派係由教育心理學的觀點來界定智力。智力高的人，能夠
學習較難的材料，不但學習速度快，且學習效果亦大。反之，智力
低的人，只能學習簡單的材料，不但學習時感到困難，且學習效果
較低。簡言之，智力愈高的人，學習能力愈大，學習能力的大小就
代表其智力的高低。

■智力是抽象思考的能力

認爲智力就是抽象思考的能力（the capacity of abstract
thinking）。智力愈高者，愈能運用其抽象思考力來解決問題，因
此，他的判斷力、記憶力、注意力、想像力與創造力均表現優異。

綜上所述，智力實爲各種能力的總和，是個體抽象思考的能
力，亦是個人學習的能力和適應新環境的能力。但是這些能力是一
種天賦的潛能，是不能直接靠觀察而獲得，因此有些學者捨棄上述
概念性的定義，而以操作性定義（operational definition）的方式來
界定智力，如富理曼（F. N. Freeman）認爲，「智力是運用智力測
驗所測得的能力」。

二、智力理論

　　心理學家在編製智力測驗時，必須先分析智力的構成因素，再根據每一個因素，設計一套題目來測量。可是人類的智力究竟包含哪些因素？以下僅依年代的遠近，就五種理論加以說明：

(一)傳統智力理論

■二因論

　　早期英國學者斯皮爾曼（C. E. Spearman）在一九二七年提出智力二因論（two factor theory），他以因素分析法分析出人類心智活動只包括兩種因素，一種是普通因素（general factor），又稱為G因素；另一種是特殊因素（special factor），又稱為S因素。G因素是普通心理能力的指稱，為一般心智活動所共有，且是各種認知行為的主要因素。S因素則代表個人某種或某些特殊能力，如音樂、美術能力等，是個人學習專門知識技能必備的能力。

■多因論

　　美國心理學者桑代克（E. L. Thorndike）否認普通因素之存在，而主張智力是由許多相關而又不同的能力所構成，他的觀點被稱為多因論（multifactor theory），他認為智力分為三類：社會智力（social intelligence）、具體智力（concrete intelligence）和抽象智力（abstract intelligence），分別處理有關人際、事務及語言、數學符號等問題。

■群因論

　　美國心理學者塞斯通（Thurstone）與基爾福均認爲人類的智力不能視爲單一的特質，而是由數種彼此獨立的基本因素（primary factor）所組成。塞斯通經由因素分析法求得七種智力的基本心理能力（primary mental abilities），說明如下：

1.語文理解（V: verbal comprehension）：指閱讀時瞭解文義的能力。
2.語詞流暢（W: word fluency）：指拼字正確迅速與詞義聯想敏捷的能力。
3.數字運算（N: number）：指正確而快速的運算能力。
4.空間關係（S: space）：指空間關係及方位辨識的能力。
5.機械記憶（M: associative memory）：指快速記憶能力。
6.知覺速度（P: perceptual speed）：指迅速而正確觀察與辨別的能力。
7.一般推理（R: general reasoning）：根據已知條件推理判斷的能力。

　　此七組能力在功能上相互獨立，但在統計上有些正相關，後來基爾福在一九六七年以多重因素分析法，分析各種智力測驗之因素，稱爲「智力結構模式」（structure of intellect model）（如圖4-1），使智力的因素成爲一個有組織的體系。他把智力結構分爲三個向度的立方體，三向度分別代表處理訊息的運作（operations）、內容（contents）和結果（products）。亦即，心智的活動能藉著心理運作的種類（五類運作：認知、記憶、擴散性思考、聚斂性思考、評鑑）、內容（四種形式：包括圖形的、符號的、語意的、行爲的）和產生的結果（六種結果：單位、類別、關

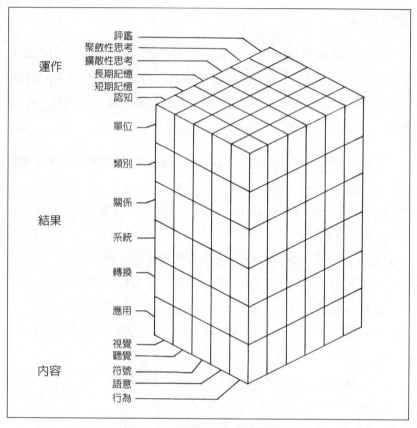

圖4-1　基爾福的智力結構模式

資料來源：Zimbardo et al. (2000).

係、系統、轉換、應用）而被瞭解。基爾福再從此型態分析模式推
演出一百二十種不同的智能（intellectual ability）（5運作×4內容
×6結果＝120）。

　　一九八二年，因內容向度增為視覺、聽覺、符號、語意及行
為五種，智力因素增為一百五十種。到了一九八八年，運作向度又
增為認知、短期記憶、長期記憶、擴散性思考、聚斂性思考與評鑑

六種，構成智力的因素更增加爲一百八十種（蔡崇建，1991；黃志成，2005）。

(二)近代智力理論

■智力型態論

美國心理學家卡泰爾（Cattell）與何恩（Horn）將人類智力區分爲兩種型態（引自黃志成，2001）：

1. 流體智力（fluid intelligence）：屬於人類的基本能力，包括抽象推理、分類、記憶、對外在訊息的反應能力等，此種能力爲先天能力，受教育文化影響較少。
2. 固體智力（crystallized intelligence）：此爲受教育文化影響所產生的智力，包括閱讀、理解及處理一般資訊的能力，亦即運用後天習得的知識與技能來解決問題的能力。

■多元智能論

近幾年對於智力的研究，有許多不同於傳統的突破性看法，不但智能的內涵擴大了，傳統的智力理論與評量方法，也受到相當嚴厲的挑戰。美國哈佛大學教授迦納（Howard Gardner）於一九八三年出版的《智力架構》（*Frame of Mild*）一書中，提出了「多元智能理論」（theory of multiple intelligences），主張人類的心智至少包含七種基本能力，即音樂能力、人際能力、邏輯—數學能力、語文能力、內省能力、空間能力、肢體—運作能力，一九九五年又提出第八種智能—自然觀察智能。迦納認爲人需要多元智力來因應社會需求，說明如下：

1. 邏輯—數學智能（logic-mathematical intelligence）：指幼兒能有效的運用數字與推理能力，包括邏輯關係（因果關係），抽象符號（如數字和幾何圖形）等之認知能力。

2. 語文智能（linguistic intelligence）：指幼兒能有效地運用口語或書寫文字的能力。

3. 音樂智能（musical intelligence）：指幼兒能享受音樂節奏、演出、作曲的能力，包括對樂曲之韻律、音調、音色的敏銳感覺。

4. 空間智能（spation intelligence）：指幼兒對視覺環境的體認能力，包括對色彩、線條、形狀和空間關係的敏感性，以及在一個空間矩陣中很快地找出方向的能力。

5. 肢體—運作智能（bodily-kinesthetic intelligence）：指幼兒在運動、表演藝術施展的能力。

6. 內省能力（intrapersonal intelligence）：指幼兒瞭解自己內在感受、夢想與觀念，並能自省、自制的能力。

7. 人際智能（interpersonal intelligence）：指幼兒能覺察並區分他人的心情、感情、動機、意向的認知能力，及以此認知為根據而做適當反應的能力。

8. 自然觀察智能（naturalist intelligence）：指幼兒能辨識環境與事物間的差異、關懷及照顧動植物的能力，瞭解自然現象與生活中關係的能力。

迦納批評傳統智力測驗所評估的智能，不能代表智能的全部，充其量只是與學業成就有關的能力罷了。教育理念經常表彰的是因材施教和適性教學，認為不同的學生應以不同的方式來教導，但是教師對於學生個別差異的瞭解，往往只限於學業成績，卻未能真正瞭解個別學生的學習特質，如有的人善用以語言形式來學習，有的

人則偏好視覺空間，另有些人則透過動手或與他人互動的方式，來展現他們對事物的理解。人類會以不同的方式來學習、記憶、表徵和運用知識，就此種個別差異，我們應採多元的教材、教法與評量的方式來適應各類型的學生，同時也找回學生學習的興趣與信心。迦納教授進一步指出，多元智能理論並不只侷限這八項智能，未來還有可能再發現其他新智能，幫助每個人瞭解自己所擁有的能力（李平譯，1997）。

　　每一位兒童都具備這八種智慧，只是程度上不同，這八種智慧間有著協同作用，也就是當一項智慧發生變化時，其他智慧即受影響。所以每個兒童都可以藉由善用其強勢智慧來影響弱勢智慧。例如一位幼兒喜歡唱歌，也唱得不錯（音樂智能），但比較不會說話（語言智能），我們可以讓他多唱歌、吟詩，如此對語言能力的提升必然有幫助。

三、智力發展的現象

　　人類智力發展，在發展的速率、年齡及性別上各有差異，分別說明如下：

(一)智力發展之速率

　　胎兒在母體內即有學習行為，為人類智力發展的起點（黃志成、王麗美，1994）。根據心理學的研究，隨著年齡的增加，智力逐漸增長，但智力成長的趨勢為何？卻因各心理學者研究取樣的對象及所採用的測驗相異，而眾說紛紜，其結果略有出入。麥肯列史

（McCandless）綜合各家之研究結果發現最初五年智力發展最快，而且隨著年齡加速；在學齡期，加速之程度與年齡俱減，至十歲半時兒童的智慧已達成熟時的40%，十八至十九歲以後智力發展漸次緩慢，有速度減弱的趨勢（引自賴保禎，1993）。此結果亦同於桑代克認為智力之發展速率以兒童期發展最快，而後逐漸緩慢之主張。除此之外，智力發展的速度也與人的智力高低有密切關係，智力高的人發展速度較快，停止發展的年齡亦較晚；反之，智力低的人發展速度慢，停止年齡也較早。

(二)智商的穩定性

心理學者多以縱貫法研究一群青少年，從嬰兒期到兒童期每間隔一年或數年進行智力商數的追蹤研究，然後進行其穩定性的比較，結果發現，嬰幼兒期智力發展尚不穩定，至兒童期以後，其智力發展則相當穩定。質言之，或許因幼兒智力測驗本身的因素，抑或幼兒身心變動較大所致，智商之變動以早年較大，而後除非有外力介入（如車禍腦傷）或退化（如失智症），一個人的智商，終其一生通常呈現相當穩定的狀態（黃志成，2005）。

(三)智力發展之差異

智力發展的個別差異現象，可由瓊斯與康拉德（Jones & Conrad）在一九四四年的研究結果得知：瓊斯與康拉德追蹤測量五個智商均為九十二的七歲男童，研究顯示，每個男童從七歲至十二歲，個人智商增減不一，而至十七歲時，每個人智商的差距從八十至一百一不等，充分證實了智力發展的個別差異。此外，在性別與

種族間是否存在差異，亦常被討論，就全體而言，男女智商大體上是相等的，理論上應不會因為性別或種族有所差異，但在分測驗項目上，通常存在有性別的差異，如男生對機械能力、空間關係、數字能力、推理能力表現較佳；女生則通常在語文、文書處理速度與記憶、社會能力表現較佳（黃志成，2004；Bjorklund, 1995）。

　　種族間的智力到底有沒有差異，一直是被爭論的，但許多智力測驗結果均有不一致的發現，而此不一致實為文化環境因素及文化不公平測驗造成的居多。

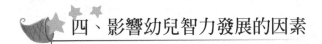

四、影響幼兒智力發展的因素

　　人類智慧的發展，大部分由遺傳所決定，少部分受後天環境的影響，雖然這個觀點受到教育界極大的爭議，但大部分心理學家所爭的僅是比重多寡的問題而已，極少人會採取絕對先天或絕對後天的觀點，且大部分仍認為智力是由遺傳與環境交互作用的結果。

(一)遺傳

　　不容否認的，幼兒智力的發展，受遺傳因素的影響很大，研究遺傳與智力的影響大都以同卵及異卵雙生子、一般兄弟姐妹及無血緣關係的人為對象，研究其智商的相關係數。如布沙德和麥圭（Bouchard & McGue, 1981）針對智商進行家族研究，發現同卵雙生子在智商的相關係數為0.87（一起撫養）、0.72（分開撫養），而異卵雙生子（一起撫養）的相關係數為0.60，因為同卵雙生子有相同的遺傳基因，而異卵雙生子的遺傳基因並不相同；至於兄弟姐

妹智商的相關係數為0.47（一起撫養）、0.24（分開撫養）；再由
父母、養父母與子女的智商相關係數來做比較，親生父母與子女
在智商的相關係數為0.42，養父母與養子女則僅有0.19的相關係數
值，此等差異均證實遺傳與智力間具有高度的相關性（如表4-1所
示）。另外，高爾登爵士（Sir F. Galton）以家譜法來研究天才與遺
傳的問題，他將英國歷史上九百七十七個名人與同數的普通人的家
譜做比較，發現名人的家譜中有五百三十五個名人家族，而普通人
的家譜中僅有四個名人家族，因此他認為名人的家族易成名人，足
以證明天才是遺傳的（引自Vernon, 1985）。

表4-1　智商的家族研究

關係	撫養方式	相關係數
同卵雙生子	一起撫養	.87
	分開撫養	.72
異卵雙生子	一起撫養	.60
兄弟姐妹	一起撫養	.47
	分開撫養	.24
親生父母／子女		.42
養父母／養子女		.19

資料來源：Bouchard & McGue (1981).

　　柯克和他的同僚（Kirk et al., 2000）則認為低智能的唐氏症
（Down syndrome）與苯酮尿症（phenylketonuria，簡稱PKU）與遺
傳基因、染色體有關。伊瑟戴克和阿格金（Ysseldyke & Algozzine,
1995）認為先天的新陳代謝問題、遺傳性異常、染色體異常，亦為
造成智能障礙兒童的因素。

(二)環境

　　智力的形成雖然得之於遺傳基因，但是也和後天環境有關，對一位父母、教師而言，在遺傳基因上我們無能為力去做任何改變，但卻可以改變環境，從小給幼兒好的成長環境，也就是給他種種好的刺激，以促進智力的發展。環境因素包括：

■母胎內環境

　　胎兒之智力發展與母體之營養、是否感染某些疾病（如德國麻疹、梅毒）、放射線照射、藥物使用不當（如墮胎藥、安眠藥、麻醉劑）、營養不良、情緒不穩、酗酒、鉛中毒等等有關（朱繼章，2001；孫安迪，2000；高慧芝，2001；黃志成等，2008），因而即使在母體內，亦須注意營養、衛生與胎教。

■外在環境

1. 家庭環境：根據布魯克斯岡恩和鄧肯（Brooks-Gunn & Duncan, 1997）的研究發現，家庭貧窮會影響兒童的智力發展。李佳桂（2001）的研究發現，父母藉由教育程度、職業、管教態度等因素，來影響學齡早期兒童之智力發展。由此可知，家庭環境中，父母的教育程度、父母職業、家庭經濟、家庭教育及家人關係等，均對幼兒智力發展有所影響，而其中又以父母教養態度及方式影響最大。
2. 學校環境：教師教學方式、教學態度、教材內容、學校設備等，均可能對幼兒智力發展造成或多或少的影響。
3. 社區環境：社區的社經水準、社區可供學習之設施及社區環境等，亦可能對幼兒智力造成影響。

五、智商的分布

(一)智商的意義

　　智力測驗係測量人類智力的一種客觀方法，其理論基礎乃行為學派之主張，是將抽象的智力予以量化的方法。而智力測驗的結果通常用智力分數（intelligence score）來表示智力的高低，但不同智力測驗所得的分數不能直接比較，所以在心理學上常以心理年齡或智力年齡（mental age, MA）來表示智力發展的程度。例如一個幼兒通過一般五歲幼兒能通過的問題，其智力即相當於五歲幼兒，心理年齡即為五歲。

　　德國心理學家史登（Stern）首創以心理年齡除以實足年齡（chronological age, CA）之商數，來表示智力發展相對的高低，此商數即為智力商數（intelligence quotient, IQ）。自此之後，根據智商評定智力高低的觀念，即普遍流行。推孟（L. M. Terman）採用這種方法，再以一百乘此商數，計算公式如下：

$$智商（IQ）= \frac{心理年齡（MA）}{實足年齡（CA）} \times 100$$

　　舉個實例加以說明。假設有一實足年齡五歲二個月的幼兒，如以月為單位計算，其CA＝62，經過幼兒智力測驗測量之後，他得到的分數用月數表示時，如為六歲二個月，其MA＝74，該幼兒的智力商數即為：

$$IQ＝（MA÷CA）\times 100＝（74÷62）\times 100＝119$$

公式中之所以乘以一百,主要是可化為整數,同時使心理年齡與實足年齡相等的人,具有智商一百,因此,一般人的智商大都在一百左右,凡超過一百者,表示其智商優於一般人,而小於一百者,其智商則低於一般人。

(二)智商的分布

藉由智力測驗,可測出一個人的智商,而人類的智商是常態分布的,一般多集中在中等智能,極高智商與極低智商者均僅是少數人。我們常將智商(IQ)分成七個層次,其人口百分比大致如**表4-2**:

表4-2 人類智商分布情形

智力類別	智商	百分比
極優異	140以上	1.3
優異	120 - 139	11.3
中上	110 - 119	18.1
中等	90 - 109	46.5
中下	80 - 89	14.5
臨界智能障礙	70 - 79	5.6
智能障礙	69以下	2.7

資料來源:Terman & Merrill (1960).

將智商分層次,雖對測驗結果的解釋比較方便,但因正常人與心智遲滯者或正常人與優異者之間,很難劃分出明顯的界線,如有許多智商八十的人,生活適應得還好,但有些智商一百的人卻經常需要人照顧,因此,此智力等級僅是一個參考分數,尤其在界定智能不足者時,不能僅以智力商數為唯一鑑定標準,尚須將其智力與生活適應同時加以考量。

⭐ 六、如何啓發幼兒智力發展

啓發幼兒智力發展的方法有下列幾點：

1. 均衡的營養：啓發幼兒智力發展，首須注意充足、均衡的營養，如此可促進腦細胞的正常發展，因之，不論在母胎內或出生後的環境中，均須有充足的營養。

2. 提供適當的刺激：從出生後，即應按幼兒不同年齡的心理需求，提供足夠、適當的刺激，以利幼兒智能發展。

3. 參與幼兒活動：父母及保育員應多參與幼兒的活動，如此除可增進彼此的感情外，更可在活動中給予適切的指導，以激發幼兒智能發展。

4. 給予更廣、更豐富的學習環境：擴展幼兒生活空間，從家庭到社區，並隨時提供旅遊、參觀等活動，增加幼兒知識與見聞。

益智玩具

關鍵詞彙

智力	流體智力
二因論	固體智力
G因素	多元智能論
S因素	智力商數
多因論	群因論

 # 自我評量

1. 何謂智力？一般人對智力的誤解為何？

2. 試述二因論智力理論的主要內容。

3. 試述群因論智力理論的主要內容。

4. 試述基爾福提出的「智力結構模式」。

5. 試述智力型態論的主要內容。

6. 試述多元智能論的主要內容。

7. 請從迦納教授提出的多元智力理論，來思考你自己所擁有的強勢智能與弱勢智能，以及它們如何影響你的學習。

8. 說明幼兒智力發展的速率。

9. 說明影響幼兒智力發展的因素。

10. 何謂智商？假如有一實足年齡為四歲三個月的幼兒，其心理年齡為五歲，請問其智力商數是多少？

11. 試述人類智商的分布情形。

12. 父母及師長如何啓發幼兒的智力發展？

參考資料

朱智賢（1989）。《心理學大辭典》。北京：北京師範大學。

朱繼璋（2001）。〈孕婦用藥安全〉，《嬰兒與母親月刊》，298，
　　208-211。

何華國（1911）。《特殊兒童心理與教育》。台北：五南。

李平譯（1997）。《經營多元智慧》。台北：遠流。

李佳桂（2001）。《未成年母親的小孩在國小一、二年級智力、行為與學
　　習成就表現》。成功大學公共衛生研究所碩士論文。

林怡秀（2001）。〈提早入學資優生之追蹤研究報告〉，《資優教育季
　　刊》，79，13-17。

林寶貴（1984）。《特殊兒童心理與教育新論》。台北：大學館。

林寶貴譯（1989）。《特殊教育新論》。台北：幼獅文化。

孫安迪（2000）。「鉛傷害兒童智力、削弱免疫力」，《中國時報》，
　　2000年5月23日，39版。

高慧芝（2001）。〈頭頸異樣觀測法〉，《育兒生活雜誌》，2001年2月，
　　137-140。

張春興（1992）。《現代心理學》。台北：東華書局。

張春興（1996）。《教育心理學》。台北：東華書局。

郭靜姿（2000）。〈談資優生縮短修業年限的鑑定與輔導方式〉，《資優
　　教育季刊》，76，1-11。

陳淑琦（1994），郭靜晃等著。〈智力〉，《心理學》。台北：揚智文
　　化。

黃志成（2001）。《心理學》。台北：啓英文化。

黃志成（2004）。《兒童發展》。台北：啓英文化。

黃志成（2005），郭靜晃等編著。〈智力發展〉，《兒童發展與保育》。
　　台北：空中大學

黃志成、王麗美（1994）。《兒童發展與輔導》。台北：頂淵文化。

黃志成、王麗美、高嘉慧（2008）。《特殊教育》。台北：揚智文化。

楊國樞（1986）。〈對智力的瞭解與誤解〉，《科學月刊》，17（12），
　　948-952。

蔡崇建（1991）。《智力的評量與分析》。台北：心理。

賴保禎（1993）。《發展心理學》。台北：空中大學。

Bjorklund, D. F. (1995). *Children's Thinking: Developmental Function and Individual Differences*. Pacific Grove, CA: Brooks/Cole.

Brooks-Gunn, J. & Duncan, G. (1997). The effects of poverty on children. *The Future of Children and Poverty, 7. (2)*, 73-87.

Bouchard, T. J. & McGue, M. (1981). Familial studies of intelligence: A review. *Science, 212*, 1055-1059.

Coleman, J. M. & Fults, B. A. (1982). Self-concept and the gifted classroom: The role of social comparisons. *Gifted Child Quarterly, 26*, 116-120.

Kirk, S. A., Gallagher, J. J., & Anastasiow, N. J. (2000). *Educating Exceptional Children*. New York: Houghton Mifflin.

Terman, L. M. & Merrill, M. A. (1960). *The Stanford Intelligence Scale*. Boston: Houghton Mifflin.

Sattle, J. M. (1988). Historical survey and theoried of intelligence. In J. M. Sattle, *Assessment of Children,* (3rd ed). San Diego: J. M. Sattle Publisher.

Vernon, P. E. (1985). Intelligence: Heredity environment determinants. In T. Husen & T. N. Postlethwaite(ed.), *The International Encyclopedia of Education*. Oxford: Pergamon Press.

Ysseldyke, J. E. & Algozzine, B. (1995). *Special Education*. New Jersey: Houghton Mifflin.

Zimbardo, P. G., Weber, A. L., & Johnson, R. L. (2000). *Psychology* (3rd ed.). Boston, MA: Allyn & Bacon.

Chapter 5

認知發展

　　認知（cognition）係指人類獲取知識的歷程，在這歷程中，可能同時產生兩種情況：1.同化：指幼兒將新習得的經驗納入自己既有的認知結構中；2.調適：指幼兒修正自己的錯誤認知，來適應外在的環境事物。同化與調適若能取得平衡即為「適應」。

　　認知發展的理論有：1.認知發展理論：主要包括皮亞傑與布魯納（J. S. Bruner）的認知發展理論；2.維高斯基（Lev Vygotsky）的鷹架理論；3.訊息處理論（information-processing theory）。

　　皮亞傑的認知發展理論將認知發展的過程分為四個階段：1.感覺動作期，約自出生至兩週歲，此期嬰幼兒主要靠身體的動作及由動作獲得的感覺去認識他周圍的世界；2.準備運思期，約從兩歲至七歲，又分為兩個階段：(1)前概念階段，約從兩歲至四歲，此期之特徵為自我中心、直接推理、記號功能、集中注意；(2)直覺階段，約從四歲至七歲，此期幼兒常依直覺或過去的經驗推理；3.具體運思期，約從七歲至十一歲，此期兒童已能以具體的經驗或具體物做邏輯思考；4.形式運思期，約從十一歲至十五歲，此期兒童已能運用概念的、抽象的、純屬形式、邏輯方式去推理。皮亞傑認為，認知各階段的發展不但是連續不斷且有一定的順序，階段不能省略，順序也不能顛倒，所以又稱為「階段理論」。布魯納則特別強調表徵概念，他認為兒童經由動作、影像和符號三種途徑，將經驗融入內在的認知結構中。

　　俄國的心理學家維高斯基則特別強調「學習引導發展」——在有能力的大人及同儕引導之下學習，會造成發展的改變，維高斯基亦認為學習有一個最佳發展區間（zone of proximal development, ZPD），此一區間是指真實發展層次與潛力發展層次間的距離，此距離必須經由有經驗者加以引

導、啟發與教導，才能達到較高層次的發展階段，因此他認為要促進幼兒的認知發展，有經驗者（如老師、父母、兄姐、年長同儕等）扮演引導式參與者的角色是非常重要的，就像扮演搭鷹架（scaffolding）的角色，提供兒童建構知識的經驗。另一觀點為訊息處理理論，此理論係在瞭解兒童究竟如何經感官接收訊息（刺激），如何貯存訊息以及以後如何使用訊息等整個心理歷程。認知心理學家認為訊息處理的流程包括：1.訊息的出現；2.注意訊息；3.貯存訊息；4.檢索訊息；5.輸出訊息。

影響幼兒認知發展的因素包括：1.個體因素，如年齡、成熟、經驗；2.社會文化因素，如社經地位、社會傳遞及學習。

父母或教師在輔導幼兒發展其認知能力時，須遵循以下九個原則：1.配合認知發展，提供適合幼兒的課程與教材；2.實施以幼兒活動為主的教育；3.重視「實物」教學；4.應參照幼兒心智發展及學習經驗與能力來設計教育方案；5.重視「語文教學」的功能；6.實施分組教學，增加幼兒直接交互作用的效果；7.善用幼兒實際生活情形作為教學的起點；8.強調教材內容整體的結構；9.教學時多給幼兒思考、嘗試、討論、求證、發現與發展的概念。

一、認知發展的定義

　　什麼叫做認知（cognition）？胡夫曼（Huffman, 2002）認為認知是一種心理活動，包括知識的習得（acquiring）、儲存（storing）、提取（retrieving）和知識的應用；美國心理學家津巴多和傑里格（Zimbardo & Gerrig, 1996）所著《心理學與生活》（*Psychology and Life*）一書中提及：「知」的歷程，包括注意、想像、辨認、推理及判斷等複雜的心理活動，也包括該歷程的內容，諸如概念及記憶；溫世頌（2002）則提及認知泛指注意、知覺、理解、記憶、思考、語文、解決問題、智力、創造力等心智活動。簡言之，所謂認知，即指人類如何「獲取知識的歷程」，亦即「從無知到懂事的歷程」，在此歷程中包含許多心智活動，包括注意、想像、辨認、推理、判斷、記憶、知覺、理解等（黃志成，2005）。認知發展則指幼兒如何從簡單的思想活動逐漸複雜化，經過分化的過程，對內在和外在事物，做更深入的領悟，而更客觀系統化的認知之歷程。在獲取知識的過程當中，因新知識或經驗所涉及的素材與幼兒原有的認知結構不相符合，原有結構無法容納新的因素，因此可能同時產生兩種情況：同化和調適。

(一)同化

　　當幼兒遇到一件新的經驗時，他將此經驗納入自己既有的認知結構中，並不斷重複此一經驗活動，形成新的認知結構，此即所謂的同化（assimilation）作用，易言之，同化是個人從經驗中吸取知識與技能的現象（溫世頌，2002）。例如：舊認知架構：杯子是喝

水的；吸收新知識：除喝水外，杯子還有許多用途。

(二)調適

　　由於許多新的事物與幼兒原有的活動或知識不相容，甚至相對抗，因此幼兒在學習或適應這些新事物時，就必須改變原有的認知結構，來適應外在的環境事物，此即所謂的調適（accommodation）作用，或稱調節作用。例如，原來認知架構：四條腿的動物是貓；改變認知架構：四條腿的動物有貓、狗、馬……

　　同化與調適若能取得平衡即爲「適應」（adaptation）；而同化作用與調適作用的過程及使兩者維持平衡的努力，就皮亞傑而言，便是認知發展重要控制的因素。

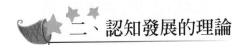

二、認知發展的理論

(一)認知發展理論

■皮亞傑的認知發展理論

　　皮亞傑是瑞士認知心理學家，以兒童認知的發展爲研究重點，因此其理論又稱爲認知發展理論。哈佛大學認知心理學家卡岡（Kagan, 1980）指出：「皮亞傑即使不是空前，也是本世紀最具影響力的認知發展論者」。

　　皮亞傑從兒童認知發展的領域，諸如語言與思想、邏輯與推理、概念形成、道德差異等深入研究，並以生物學的知識爲背景，

主張認知的發展與智慧的成長是同步進行的，因此，其最主要想回答的問題是：「知識是如何發展的？透過什麼過程？一個人如何從較低層次的知識進展到較高層次的知識？亦即幼兒的認知是如何一步步發展起來的？」

皮亞傑認為，幼兒從出生到成人的認知發展不是一個數量不斷增加的簡單累積過程，而是結構組織與再組織的過程，因此以按照認知結構的性質把整個認知發展劃分為幾個時期（period）或階段（stage），每一階段均產生與上一階段不同的認知能力，代表兒童獲得了適應環境的新方式，所以又稱為「階段理論」。由於每個階段各有其行為上的特徵，各階段的發展不但是連續不斷且有一定的順序，階段不能省略，順序也不能顛倒，以下即分別說明認知發展的各個階段：

● 感覺動作期

感覺動作期（sensory motor period）自出生至兩週歲左右，甫呱呱墮地的嬰兒，有不少的感覺器官已能發揮功能，如他已有視、聽、痛、觸、味覺等，且面對物體時，亦能覺察出顏色與形狀。此期幼兒主要靠身體的動作及由動作獲得感覺去認識他周圍的世界，口的吸吮和手的抓取是幼兒用以探索世界的主要動作。此期主要認知發展特徵如下：

1. 反應由外界所引導：嬰兒期的反應是由外界的刺激所引起，例如：看到（視覺）一個顏色鮮豔的玩具，引起探索的動機，伸手去抓取（動作），抓取這個反應明顯的是由玩具（刺激）所引起。由此可知，大人提供足夠的刺激物，可以促進感覺動作期的發展。

2. 經由動作進行思考：經由上面的例子，嬰兒在把玩玩具的過

程中，逐漸思考這個玩具帶來的刺激是正向的（如軟綿綿
的、好看的、會發出好聽的聲音的）或負向的（如硬邦邦
的、冰冷的、粗糙的、發出噪音的），而決定要不要繼續
玩。

3. 時間知覺僅限於現在：兩歲以前的嬰幼兒由於思考、長期記
憶能力未成熟，無法瞭解過去（如昨天）及未來（如明天）
的事務，對時間的瞭解僅止於現在，因為「過去」屬於長期
記憶的領域，「未來」則太抽象了。

4. 物體恆存概念：本期前期的嬰兒缺乏物體恆存概念，例如一
位三個月大的嬰兒，手上的玩具掉了，通常是不會去找的，
也就是缺乏物體恆存概念；以後的幾個月逐漸發展出「部分
物體恆存概念」，也就是部分不在眼前的人或東西（如媽
媽或玩具）逐漸有記憶，這裡所謂部分通常指嬰兒較有印象
的媽媽（依附對象）或較吸引嬰兒的玩具；大約在八個月以
後，慢慢發展出物體恆存概念，此時如果嬰兒掉落玩具，較
會有尋找的動作。

5. 後期已有方向感：雖然六個月以前的嬰兒，面對大人的叫喚
聲，已能尋找音源的所在，但初期常出現一些錯誤或雜亂的
尋找行為，也就是會把頭轉來轉去，然後才發現目標物；此
後逐漸具備「方向感」，例如，對於大人的叫喚、尋找玩
具、認出嬰兒房的位置，較能正確的掌喔。

● 準備運思期

　　準備運思期（preoperation period）又稱前操作期或運思前期，
約從兩歲至七歲。皮亞傑又將此期分為兩個階段：

　　1. 前概念階段（preconceptual sub stage）：約從兩歲至四歲，

或稱運思前期，此期之特徵為自我中心、直接推理、記號功能、集中注意。

2.直覺階段（intuitive sub stage）：約從四歲至七歲。此期幼兒在面臨以前經歷過的簡單情境時，常依直覺或過去的經驗推理，而往往只知其一不知其二，常易歪曲事實，故又稱為直覺智慧期。另一方面，此期幼兒的符號系統已開始形成，如幼兒遊戲時，會用竹竿當馬、小木凳當火車，竹竿與木凳即是一種符號，用來代表真正的馬及火車，皮亞傑認為幼兒具有此種能力之後，行動的範圍得以增加，不再侷限眼前環境中的事物，也能喚起過去，並預期未來事件。

綜言之，此期幼兒主要認知發展特徵如下：

1.能藉單字和符號功能來說明外在世界及內在的自我感受。
2.用直覺來判斷事務，仍有自我為中心的傾向。
3.觀察事務只會集中注意力在某一顯著的特徵上，而無法注意到全貌。
4.只會做單向思考，尚無法應變。
5.有短距離的過去、現在和未來的時、空觀念。
6.對自然界的各種現象，採取想像的方式加以說明。
7.對任何事物都會賦予生命，例如視月亮亦有如人般的生命，人走路時，月亮亦隨人移動，當人休息時，月亮就停止不動，在擬人化的童話故事中常將月亮稱為「月亮姑娘」。

● 具體運思期

具體運思期（concrete operation period）又稱具體操作期，約從七歲至十一歲。此期兒童已能以具體的經驗或具體物做邏輯思考，故又可稱為「具體智慧期」，此時期的思考模式有五種特徵，

有別於運思前期的認知模式：

　1.兒童能將邏輯思考的歷程，應用於解決具體的問題。

　2.兒童已陸陸續續具有各種保留概念。

　3.由籠統而至分化的思考。

　4.由絕對而至相對的思考。

　5.由靜態而至動態的思考。

　　必須進一步說明的是，進入具體運思期的兒童，是已充分具有「保留」能力〔保留概念（conservation concept）說明於下文〕的階段，如數量、質量、重量的保留概念均已發展完成，可逆性、同一性、互補性亦已具備（說明如圖5-1）。不過此階段之認知尚不能完成抽象的假設，尚須藉「具體物」以協助認知，此即國民小學教學為何一定要有教具的重要理論依據。

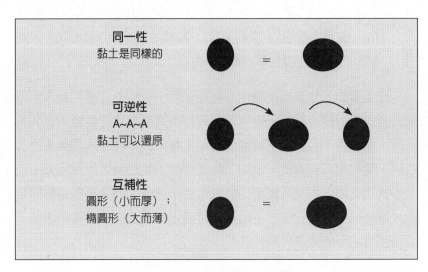

圖5-1　保留概念的三個概念

資料來源：郭靜晃、吳幸玲（1993）。

●形式運思期

形式運思期（formal operation period）又稱形式操作期，約從十一歲至十五歲。此期兒童思考能力漸趨成熟，可以不藉具體實物，而能運用概念的、抽象的、純屬形式、邏輯方式去推理，故又可稱為抽象智慧期。此時期認知發展有四大重要特徵：

1. 兒童之心理運思體系已獲得高度平衡，其思考模式較能面面俱到，例如父母責罵小孩是基於愛，經過改正之後有利個人之成長，而不再一味的認為父母就喜歡罵人。
2. 兒童能想像來自情境的各種可能性，不僅限於以具體事物為思考的對象。以下棋為例，此期兒童已能布局下一步，下兩步如何前進，亦能模擬敵方可能的舉棋方向，做沙盤推演。
3. 假設或推理：以跌倒為例，此時兒童已能假設引起跌倒的可能原因，然後再審慎評估造成該次跌倒最可能的原因。
4. 科學或歸納：此期兒童較能以科學的觀點，去打破一些迷信、傳說；對於事件的原因，較能在多種可能原因中做歸納，而不做主觀的單一歸因。

皮亞傑的認知發展理論中，在幼兒期，包括上述感覺動作期及準備運思期兩個階段。一般而言，資賦優異兒童可能會提前進入各階段，而智能不足兒童不但會延後進入各階段，甚至永遠無法進入後期、層次較高的階段，例如：輕度智能不足兒童可能永遠無法進入形式運思期，中度智能不足兒童可能永遠無法進入具體運思期及形式運思期，而重度智能不足兒童可能永遠無法進入準備運思期、具體運思期及形式運思期。

依賴

午後的雷陣雨

有如千軍萬馬奔騰而下

正焦慮將成落湯雞

他

適時的遞給我一把傘

幫我擋雨

捨不得還

與傘結緣

因為

傘可以幫我擋陽光

他可以幫我擋掉困境與逆境

作者：王素梅（國中3年級）

解析：國中生的年紀，已進入抽象智慧期，作者用千軍萬馬比喻急速從天而降的雷
　　　陣雨；與傘結緣隱喻與他結緣，道出了少女情懷；將他借傘擋雨轉換成擋困
　　　境與逆境，這種寫作手法，通常在皮亞傑認知發展的第四期較容易表現。

■布魯納的認知發展理論

　　另一位具影響力的認知心理學家為布魯納，其強調之認知發展
理論與皮亞傑頗為相似。布魯納特別強調表徵概念，他認為兒童經
由動作、影像和符號三種途徑，將經驗融入內在的認知結構中。以
下即介紹動作表徵、影像表徵及符號表徵三種認知模式。

●動作表徵期

　　為六個月到兩歲嬰兒最常用的認知方式，類似於皮亞傑的感覺
動作期。此期幼兒以動作（enactive）瞭解周圍的世界，他用手去
摸，用口去嘗，靠動作的結果獲得經驗，亦即取得知識。

● 影像表徵期

　　約二、三歲以後，類似皮亞傑的準備運思期及具體運思期，兒童已能運用視覺、觸覺去瞭解周遭事物，能以影像（iconic）來代表外界事物，不必事事靠直接行動的感覺。五至七歲間是此期認知發展最明顯的階段。

● 符號表徵期

　　此期與皮亞傑的形式運思期相重疊，為認知的最高形式。兒童思想逐漸接近成熟，已能透過文字、數字及圖形等符號來代表他所認知的環境或知識。

　　以上三種認知模式，亦可說是認知發展的三個階段，但是，這三種表徵系統是依序發展而互相平行並存，即每一新認知方式發展出來以後，前一階段的認知方式仍繼續發生認知作用，例如：在符號表徵階段仍包含許多動作及影像表徵的認知方式。

　　布魯納強調表徵概念的認知發展理論與皮亞傑的認知階段論雖頗為相似，但仍有以下幾點差異：1.布魯納三期的發展不若皮亞傑強調階段的明確劃分，布魯納之三期是依序發展，但相互平行並存；2.布魯納主要從心理的歷程加以論證，亦即思考兒童在前後期認知的變化，不若皮亞傑以數學和邏輯為基礎；3.布魯納不以年齡來作為分期的標準，不若皮亞傑以年齡來區分認知發展的階段；4.布魯納強調智能認知過程與教育必須連在一起，有效的教學方法必能加速幼兒智能的成長。

(二)維高斯基的鷹架理論

　　相對於皮亞傑強調認知發展與成長、年齡有關，同時也認為

「發展促成學習」──發展是最主要的過程，學習跟隨在後。俄國的心理學家維高斯基則特別強調「學習引導發展」──在有能力的大人及同儕引導之下學習，會造成發展的改變（林佩蓉、陳淑琦，2003）。維高斯基認為，嬰兒的早期思考並非以語言的形式存在，而是以簡單的心智功能（例如：注意力、感覺、知覺、記憶等）為基礎，經由文化適應的過程，轉化為較複雜的心智功能。由於心智功能的發展與個人在社會或文化中的生存息息相關，不同文化所發展出來的心智功能自然也就十分不一樣（王震武等，2002）。例如：在已開發國家的兒童要記東西可以輸入電腦，開發中國家的幼兒要記東西可以用文字記在筆記本上，在未開發國家的幼兒要記東西可以畫圖在牆壁上。他認為幼兒的認知發展之所以各有差異，反映的就是兒童的文化經驗與社會經驗的不同，例如：都市中的小孩在課餘可能要學美語、才藝等，在山地鄉的小孩可能要學動植物的生態，他們所發展出來的能力自然不同，我們不能說哪一種能力比較好或不好。

　　維高斯基更提到個體的學習有一個最佳發展區間（ZPD），此一區間是指真實發展層次與潛力發展層次間的距離，這個距離並非幼兒獨立學習可以達到，而是必須經由有經驗者加以引導、啟發與教導，才能達到較高層次的發展階段，因此他認為要促進幼兒的認知發展，有經驗者在幼兒的學習過程中扮演引導式參與（guided participation）者的角色是非常必要的。換句話說，幼兒的老師、父母、兄姐、年長同儕等應避免直接或間接告訴幼兒他們必須知道什麼，而是扮演搭鷹架（scaffolding）的角色，提供幼兒建構知識的經驗。

(三)訊息處理論

皮亞傑對幼兒各認知發展階段的思考特徵有詳細的描述，但是他的理論卻沒有解釋透過何種機制，為什麼不同階段的幼兒會有這樣的特徵？訊息處理論（information-processing theory）即想知道幼兒如何處理所接收的訊息，其心理歷程為何？持此一理論者想瞭解幼兒究竟如何經感官接收訊息（刺激），如何貯存訊息以及以後如何使用訊息等整個心理歷程（張春興，1991）。認知心理學家認為訊息處理的流程如下：

1. 訊息（information）的出現：在日常生活中，幼兒接收到許多訊息，大部分與幼兒無關的訊息很自然的被忽略了，如在電視上聽到今天股票上漲兩百點，或在報上看到半版的售屋廣告；但有些訊息則會被選取，例如當他聽到麥當勞賣幼兒餐附贈可愛小玩具的廣告時，就引起他的注意了。

2. 注意訊息：指刺激引起幼兒的注意，依上例，對於幼兒餐的內容及玩具的樣式加以注視或聆聽，此時訊息會進入短期記憶庫。如果沒有經過這個歷程，訊息將被遺忘。

3. 貯存訊息：訊息經過一些特殊的記憶策略，進入長期記憶系統。依上例，該幼兒嘴巴不斷的默念麥當勞，腦海裡不斷的浮現玩具的影像。

4. 檢索訊息：指在需要時，即可從記憶庫中搜尋到所要的資料。依上例，當媽媽問該幼兒，禮拜天要去哪裡用餐時，幼兒就可以在記憶庫中搜尋到這個訊息。

5. 輸出訊息：指針對需要將訊息表現出來。依上例，幼兒將該項優惠措施告知媽媽，讓媽媽同意到麥當勞用餐。

　　與維高斯基的鷹架理論比較，訊息處理論的處理認知層次可以說較高，蓋因維高斯基的鷹架理論所描述的認知，幼兒純粹站在一個被引導後的認知層面，而訊息處理論的處理認知層面可以說幼兒是站在一個主動的角色，這種幼兒對思考歷程與思考策略的瞭解，吾人稱之為後設認知（metacognition）。

 三、保留概念

　　由皮亞傑認知發展論的準備運思期發展至具體運思期，最顯著的特徵為各種保留概念的發展，所謂保留概念即兒童在面對同一物體的各種變化（如改變物體的形狀、位置、方向）時，能瞭解到該物體的若干特性（如大小、長度、數量等）仍維持不變的能力。

　　以下即分別介紹各類保留概念之意義及測量方式，若幼兒能做正確的反應，即表示該幼兒之認知發展已進入具體操作期，否則仍停留在準備運思期（郭靜晃、吳幸玲，1993）：

(一)重量保留概念

　　指兒童對物體的重量，不會因物體外形的改變而有所增減，而能保持其對原有重量的認知能力。皮亞傑學派的典型實驗，是將兩個大小、形狀、重量相同的黏土球給幼兒看，然後把其中一個做成薄餅狀、香腸狀或糖果狀，問幼兒兩者重量是否相同？

(二)液體保留概念

指幼兒對液體物質的量，不受容器形狀的變換而增減的認知能力。可將液體從一個高、窄的杯倒向矮、寬的杯中，或從大杯倒向小杯，問幼兒大杯和小杯中的液體是否一樣多？

(三)體積保留概念

指幼兒對於同體積的物體，不論其形狀與重量如何改變，所占去的空間是一樣的認知能力。例如限制幼兒在兩塊面積不同的板子上，用積木蓋兩幢體積大小相同的房子，看看幼兒是否會在面積小的板子上蓋高度較高的房子，而在面積大的板子上蓋較矮的房子。

(四)數量保留概念

指幼兒對於數量的多少，不受空間距離與排列狀況的改變而增減的認知能力。可將十粒小豆豆均分為兩堆，其中一堆五粒密集放在桌面上，另一堆則分散放在旁邊的桌面，問幼兒這兩堆小豆豆的數量是否一樣？

(五)長度保留概念

指幼兒對物體的長度，不論位置如何改變，其長度恆常不變的認知能力。測驗方式為：把兩根大小相同的筷子放在幼兒面前，讓他確定兩根一樣長，再移動其中一根筷子到別的位置，讓幼兒指出兩根筷子長度是否一樣？

(六)序列保留概念

係指幼兒在處理物體差異時，能按照大小、長度或重量的次序排列的能力；但各種序列能力的獲得，亦有其發展的典型年齡：幼兒最先獲得的是排列長度次序的能力，約在七歲左右，相當於具體運思期的開始，其次是重量次序排列的能力（即將同樣大小但重量不同之物體排列的能力），約在九歲時獲得；至於體積序列的安排能力，須等到十二歲左右才發展完成。

不同內容的保留概念，其獲得的時間有先後的不同，如兒童先發展數量的保留概念，再依序發展長度、重量、面積之保留概念；而一般來說，兒童對於各種量的保留概念，是隨年齡增長而愈加正確的。以下即以「保留概念發展時間表」說明各種類別的保留概念發展的時間（如**表5-1**）：

表5-1 保留概念發展時間表

時期	保留概念的發展	約略年齡
具體運思	數量的保留概念	7歲
	質量的保留概念	7-8歲
	長度的保留概念	8歲
	重量的保留概念	9-10歲
形式運思	面積的保留概念	11歲
	體積的保留概念	11-12歲

資料來源：參考Schaffer (1985).

四、影響認知發展的因素

幼兒認知的發展，究竟受何種因素的影響，一般有三種不同的看法：一是主張智能與人本身的生理成熟有關，即成熟論或先天論；二是主張人出生時猶如一張白紙，須透過學習環境中的經驗或文化，促成認知的發展，是為經驗論；三則採取折衷觀點，認為個體因素（天賦因素、成熟因素）與後天環境（或社會文化因素）兩者同時影響幼兒之認知發展，故又稱為交互作用論（interactionism）。

以下即分別說明這兩類因素如何影響幼兒的認知發展：

(一)個體因素

■年齡

就像皮亞傑將兒童的認知以年齡劃分為四個階段，隨著年齡的增長，兒童的智能亦逐漸發展成熟，尤其在某發展範圍內與兒童年齡成直線函數關係；但年齡只能當作一個參考因素，該年齡兒童本身之認知結構才是真正的決定因素。

■成熟

所謂成熟專指個人生理結構的生長而言，美國心理學家葛塞爾即是此論者的代表，其認為遺傳等生理因素使生物體自然生長，亦是直接影響認知發展的主因。惟一般認為生理的成熟固能影響認知發展，但絕非唯一因素，尚受環境因素的影響甚深。

■經驗

　　幼兒透過各種行動及對各種物體的操作，可發現各種物體本身的性質，如物體的顏色、形狀、大小等，此即「物理經驗」，舉例說明：幼兒取得一個球；並經由知覺活動，瞭解它是圓的和紅的，這圓的和紅的特性，即是幼兒觸及物體並實際操作的結果。一般我們也常說，不經一事，不長一智，所以吾人在教養幼兒時，應多給予經歷各種事物。

藉由經驗學習事物

(二)社會文化因素

　　係指幼兒所生長的環境因素；心理學第一大派別行為學派的創始人華森及新行為學派斯肯納及社會學習理論者班都拉等，均強調

社會環境及學習在發展中的作用；主要包括社經地位、文化差異與學習三種因素。

■社經地位

係指家庭、社會及經濟地位、家庭的經濟收入、家庭物質環境的組織與安排、刺激數量的性質等，多少都會對幼兒智能發展帶來一定的影響；若幼兒早期的生活經驗貧乏，可能造成認知上的遲緩；相對於高社經地位的家庭，可能提供較多的環境刺激，則有利於幼兒的認知發展。根據布魯克斯岡恩和鄧肯（Brooks-Gunn & Duncan, 1997）的研究發現，家庭貧窮會影響兒童的認知能力。

■社會傳遞

泛指文化對幼兒思維的影響，舉凡父母為幼兒解釋疑難、幼兒閱讀書刊習得知識、教師進行班級教學、幼兒同輩討論問題，或幼兒模仿他人行為皆屬之。如此，社會的文化得由上一代傳遞至下一代，使下一代免去重新摸索萬事萬物，而能獲得上一代的寶貴經驗。如此的社會傳遞有助於幼兒對若干概念的瞭解，如誠實之概念，絕非物理經驗能使幼兒瞭解，於是不得不仰賴社會傳遞以使幼兒瞭解，增加認知。

■學習

社會學習論者班都拉認為，只要具備或施加適當的環境條件，任何正常幼兒都能學會任何事情，因此認知亦能透過環境所提供的刺激而習得，是故提供較多的學習機會給幼兒，有利於其認知的發展。

五、認知發展的輔導

　　皮亞傑的認知發展理論對當代發展心理學與教育心理學發生極大的影響，父母或教師在輔導幼兒發展其認知能力時，除先要充分瞭解幼兒認知能力發展的整個過程，亦須遵循以下六個原則：

1.重視「實物」教學，尤其是感覺動作期的嬰幼兒。
2.有關幼兒教育的方案設計，對幼兒影響很大，應參照幼兒心智發展及學習經驗與能力加以設計。
3.重視「語文教學」的功能，因為語言文字是瞭解各種概念的基本工具。
4.實施分組教學，以增加幼兒直接交互作用的效果。
5.善用幼兒實際生活情形作為教學的起點。
6.教學時多給幼兒思考、嘗試、討論、求證、發現與發展的概念。

　　皮亞傑將兒童認知發展分為四個階段，每一階段都有特殊的發展特質，為促進兒童認知的發展，每一階段應有相當的輔導重點相互配合，以掌握學習的關鍵期，始能得到事半功倍之效，茲將各階段學習與輔導內容列於**表5-2**。

表5-2　皮亞傑認知發展階段、特質、學習內容與教學輔導重點

年齡	年級	階段	發展特質	學習內容	教育輔導重點
1 2 3		感覺 動作期	以感官－動作認識周圍的環境	以口的吸吮及手的觸摸得到經驗（或知識）	提供各種正向的視覺、聽覺、觸覺刺激，如玩具等。大人常給予擁抱和說話。
4 5 6	學前 教育	準備 運思期	用語言、文字、圖形等符號，從事學習	可以開始學習簡單的文字、數學和圖形	1.運用語言的講解讓幼兒學習，並且多與幼兒對話，讓幼兒瞭解各種事物。 2.運用文字、圖片、圖書、DVD、幻燈片讓幼兒學習。
7 8 9 10 11 12	小學	具體 運思期	以實際經驗或實物做邏輯思考	多讓兒童參與日常事務，由實際經驗獲取知識	1.重視實務教學，讓兒童攝取各種知識。 2.利用實驗觀察、操作，增進小學兒童的數學運算能力。
13 14 15	國中	形式 運思期	能運用概念、抽象的邏輯去推理	多利用模擬情境，培養少年抽象概念及問題解決能力	1.培養少年運用假設—演繹推理策略解決問題。 2.倡導科學實驗活動並鼓勵青少年思考。
16 17 18	高中				

關鍵詞彙

認知	形式運思期
同化	動作表徵
調適	影像表徵
適應	符號表徵
鷹架理論	最佳發展區間
感覺動作期	物體恆存概念
準備運思期	訊息處理論
具體運思期	保留概念

 # 自我評量

1.說明皮亞傑所提出的認知發展理論。

2.何謂同化？何謂調適？請各舉一例說明之。

3.試述感覺動作期的特徵。

4.試述準備運思期的特徵。

5.試述具體運思期的特徵。

6.試述形式運思期的特徵。

7.說明布魯納所提出的認知發展理論。

8.何謂鷹架理論？何謂最佳發展區間？

9.試述訊息處理流程。

10.何謂保留概念？試舉例說明保留概念的測量方式。

11.說明影響幼兒認知發展的因素。

12.如何輔導幼兒的認知發展？

13.試說明兒童不同認知發展階段的發展特質與學習內容。

14.請依照保留概念的發展時程，找一位適當年齡的幼兒，利用保留概念的實驗，觀察他的認知發展情形。

參考資料

王震武、林文瑛、林烘煜、張郁雯、陳學志（2002）。《心理學》。台
　　北：學富文化。

林佩蓉、陳淑琦（2003）。《幼兒教育》。台北：空中大學。

張春興（1991）。《心理學》。台北：東華書局。

郭靜晃、吳幸玲（1993）。《發展心理學：心理社會理論與實務》。台
　　北：揚智文化。

郭靜晃、黃志成、陳淑琦、陳銀螢（1999）。《兒童發展與保育》。台
　　北：空中大學。

黃志成（2005），郭靜晃等著。〈認知發展〉，《兒童發展與保育》。台
　　北：空中大學。

黃志成、王麗美（1994）。《兒童發展與輔導》。台北：頂淵文化。

溫世頌（2002）。《心理學》。台北：三民書局。

Brooks-Gunn, J. & Duncan, G. (1997). The effects of poverty on children. *The Future of Children and Poverty, 7* (2), 73-87.

Huffman, K. (2002). *Psychology in Action* (6th ed.). MA: John Wiley & Sons.

Kagan, J. (1980). Jean Piaget's contribution. *Phi Delta Kappar,* December, 246.

Schaffer, D. R. (1985). *Developmental Psychology: Theory, Research, and Applications.* Monterey, CA: Brooks/Cole.

Vygotsky, L. (1978). The prehistory of written language. In M. Cole, V. John-Steiner, S. Scribner, & E. Souberman (eds.). *Mind and Society: The Development of Higher Psychological Processes.* Cambridge, Mass: Harvard University Press.

Zimbardo, P. G. & Gerrig, R. J. (1996). *Psychology and Life* (14th ed.). IL:Scott Foresman.

Chapter 6

創造力發展

摘要

　　創造力是能夠創造個人獨特見解或能創造出新事物的能力，主要包含五項特質：敏感度、流暢力、變通力、獨創性、精進性。具創造力的幼兒所具有的特徵包括：有高度的注意力或注意力不集中、興趣較廣泛、自由感、獨立性高、語文較流暢、喜歡抽象事務、富自信心、喜尋求刺激、喜歡發問、較具彈性。根據華勒士（G. Wallas）的觀點，個體創造的歷程有四個階段：預備期、醞釀期、豁朗期和驗證期。創造力強的幼兒通常在日常生活中的想法、遊戲內容和解決問題的能力有別於一般兒童。

　　影響創造力發展的因素，包括遺傳因素、智力、父母的教養方式、環境因素等，其中有關大腦及遺傳基因的研究發現，大腦前額葉與人的創造思考力關係極為密切，接受額葉切除手術後，會呈現思考能力、創造力、意志和情操的減退和喪失；大腦左右半球處理認知的型態亦有所不同，左腦半球善於處理語文、符號、數學等具有分析性、邏輯性的認知；右腦半球則善於處理圖形、音樂、色彩、感情性的認知。

　　至於智力與創造力間的關係，許多研究提出結論：高創造力必須有相當程度的智力為基礎，但高智力者未必具有高創造力，低智力者則不可能具有高創造力；亦即，創造力必須以基本智力做基礎。而就父母的教養方式而言，嚴厲的管教方式，易抹殺幼兒的創造力，獨立自主、容許自由探索的民主管教方式，對於幼兒的創造力發展則有正向的影響。環境對於創造力的影響大於遺傳因素，提供自由、安全、和諧的氣氛，及容許幼兒獨立思考，是影響幼兒創造力發展的重要因素。

　　美國教育學者克魯勒斯（Czurles）宣稱：孩童於學齡前時期，即已具有極高的創造力，到底什麼是創造力？創造力是怎麼形成？受哪些因素影響？這是本章所要探討的問題。

在全球的政策文件中，創造力被認為可以提升經濟、文化和個人發展的因素，由此可知，在重視知識經濟的二十一世紀，一個國家的未來經濟成功與否，有賴於人力資源與知識的創新與運用（張詠惠譯，2006）。由此可知，創造力（creativity）對個人及國家發展的重要性，而在人生全程發展中培養創造力的關鍵期就是在幼兒期。

一、創造力的定義

由於各家學說對創造力所持哲學觀點和立場不同，因此對於創造力的解釋，莫衷一是，如蓋勒格指出：創造是一種心理的歷程，個人創造出新的想法或成品，或是重新組合已存在的想法或成品，對個人而言是創新的即稱之為創造（引自陳昭儀，1992）。顏春煌（2006）認為：創造力的輸出是人類透過思維與發明而得到的原始產物，所謂原始的有與眾不同、獨一無二的味道。簡言之，創造力是能夠創造個人獨特見解或能創造出新事物的能力。依基爾福的因素分析發現，創造力的內容包括以下五種特質（Guilford, 1967, 1970）：

1. 敏感度（sensitivity）：即幼兒對問題的敏感程度，敏於覺察事物的缺漏、不尋常、未完成部分的能力。例如一位五歲的幼兒，她的玩具掉了馬上知道找回來，就是敏感度強的表現。

2. 流暢性（fluency）：指幼兒思路流利暢達的程度，能在短時間內思索出多少可能的構想和方法的能力，亦即「反應靈敏」的意思。例如媽媽問小明，禮拜天要去哪裡玩，小明滔

滔不絕的說：去動物園、去奶奶家、去百貨公司……可以
講很多。也就是說，在短時間內能產生較多的觀念（或概
念）。

3. 變通性（flexibility）：指幼兒能依不同的方式加以思考，不
受習慣限制的能力，亦即「隨機應變」的能力。例如小明本
想去動物園玩，可是下雨了，問他怎麼辦？他可以馬上回
答：去百貨公司。具體而言，所謂變通性就是觀念具有彈
性。

4. 獨創性（originality）：或稱創新性，指幼兒能產生新奇獨特
的見解或方案的能力，即「標新立異」的能力。

5. 精進力（elaboration）：指幼兒思考細密，使事物或方案更
臻完美的能力。也就是幼兒的思考能力較具周全性。

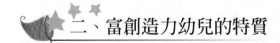

二、富創造力幼兒的特質

富創造力的幼兒，有以下一些特徵，是一般人於日常生活中可
以發覺到的，但並不是每個創造型幼兒皆能具有所有的特徵：

1. 注意力：有高度注意力的幼兒，較能累積新知識，儲備創
造的原動力。然而，陳李綢（2006）持不同的觀點，認為
注意力缺陷過動症（Attention Deficit Hyperactivity Disordef,
ADHD）的幼兒，雖然在日常生活中有一些困難，但對一些
事物他們常有與眾不同的看法或新奇的點子，具創造力。上
述兩個觀點雖有矛盾之處，然而從創造的內容來看，是有其
道理的。以文學創作或某些問題解決能力而言，可能需要較
高的注意力，所謂「寧靜致遠」就是這個道理。然而有一些

創造發明可能因分心、過動、衝動而產生頓悟。

2. **興趣較廣泛**：幼兒生氣蓬勃喜歡參與多種活動，尤其對複雜的事物更喜歡用心思。

3. **自由感**：創造性的特徵，必有不受約束的感覺，日常生活喜歡自由自在，故可觸類旁通，頑皮、淘氣，且不善自我控制。

4. **獨立性高**：創造力高的幼兒必然有較少的依賴心，而有較多的獨立性，不肯輕附眾議，對事情有自己的看法，且不易妥協。

5. **語文能力較佳**：創造力高的幼兒語文較流暢，較一般同齡的幼兒懂的字彙較多。

6. **喜歡抽象事務**：創造力高的幼兒喜歡鑽研哲學、宗教與人生價值之類的抽象問題。例如：「神在哪裡？」「為什麼要上幼稚園？」

7. **富自信心**：生活範圍廣大，對將來持較高的抱負水準，如幼兒自信滿高的跟父母說：「我將來要當總統」。

8. **喜尋求刺激**：法利和法利（Farley & Farley, 1986）研究認為刺激尋求動機較高的人，會比一般人具有較多的創造力。故幼兒如果喜歡玩刺激性遊戲（如雲霄飛車）時，可能會有較好的創造力。

9. **喜歡發問**：創造力強的幼兒在日常生活中，遇有問題或疑惑時，喜歡找大人或年紀較大的兒童發問，增進知識，為創造的因素之一。

10. **彈性**：心胸開闊，有彈性，能接受新概念和新方法。例如：能改編故事、遊戲內容或歌曲。

11. **好奇心與動機**：幼兒的好奇心與動機是創造力的來源，

創造力會因內在動機而增強（Csikszentmihalyi & Wolfe, 2000）。

三、創造能力的發展階段

　　幼兒期創造力的發展，開始於所謂的想像力，一直發展至青年期，然後理解力開始發展，亦即青年期以後，想像力即呈下降狀態，少有新奇的想像出現。創造力研究最有系統者首推陶倫斯（E. P. Torrance），其以為父母、幼教老師應瞭解幼兒創造思考能力的發展及在各年齡階段的特徵，以便給予適當的輔導，啟發幼兒創造力。但陶倫斯提出警告，創造力的發展與特徵並不似其他能力，可普遍的發現於每一年齡的各個兒童，所應注意者乃是每一年齡發展的可能。

　　華勒士將人類進行創造思考的過程區分為以下四個階段（轉引自龔如菲，2001）：

1. 預備期：此為收集資料的階段，創造者必須先獲得與待解決問題有關的必備知識和技能，才能在遇到困難時，分析確立問題之所在。

2. 醞釀期：經過長時間的準備，創造者對待解決問題所累積的知識和技能已相當豐富，但此時的思維易受到舊經驗的引導，致使意識層面的創意難以形成，潛意識中仍逐漸浮現創思的意象。

3. 豁朗期：此階段已能思考問題解決的方法，能頓悟原先百思不解的疑惑，找出問題的關鍵。

4. 驗證期：此階段在於驗證創造成果是否完美有效或具體可

行，創造者能在過程中發現缺失，經過修正後使創意更加完美。

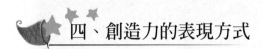
四、創造力的表現方式

幼兒的創造力通常表現在三方面，即幼兒的想法、遊戲及解決問題的方法，分述如下：

(一)想法——萬物有靈論

幼兒認為所有的東西都是有生命的，如月亮會走路，太陽公公會笑，藉此萬物皆有生命，而能發揮極大的想像力。幼兒會有假想的玩伴，因萬物有靈，幼兒可以和其他東西，如玩具，玩得很開心，還可以和玩具對話。在日常生活中所表現的白日夢，幼兒可以幻想與其他人、事、物共同做他想做的事，如超越時空的旅行（到國外迪士尼樂園和米老鼠玩得好開心）等等。

(二)遊戲

在戲劇性的遊戲，幼兒常扮演現實生活的情節，如扮家家酒，或常利用想像力自創有劇情的表演遊戲。在建構性的遊戲中幼兒常利用各種東西，如積木、沙堆，建造各種他認為有意義的東西。幼兒在敘述一件事時，會將自己的想像加入其中，而常將其有意無意的誇大。幼兒常根據過去的經驗或到處聽聞的事情，重編屬於自己創造的故事。

在遊戲中培養創意

(三)解決問題的方法

幼兒的想法極富想像力，當遇有困難時，其解決途徑不似成人有社會經驗可供遵循，常運用其充分的想像力加以解決。例如當我們說：「從前有一個人，他家裡很窮，常常沒有錢買米，以至於沒有飯吃……」他可能會插嘴說：「那他可以吃蛋糕呀！」

五、影響創造力發展的因素

大腦及智力的發展，父母的教養態度及環境因素，對幼兒創造力的發展均具極大的影響，分述如下：

(一)遺傳因素（即創造能力的大腦生理基礎）

　　腦是產生人類思維之處，人腦可分為大腦皮質、大腦白質、腦梁、海馬、腦幹、額葉等部分，其中額葉聯合區專司思考、判斷、推理、創造、意志、情操、競爭意識和慾望等精神功能。

　　一般而言，大腦左右半球處理認知的型態有所不同，左腦半球善於處理語文、符號、數學等具有分析性、邏輯性的認知；右腦半球則善於處理圖形、音樂、色彩、感情性的認知，然而必須強調的是左右腦的功能雖然各有專司，但兩者皆為創造表現中不可或缺的重要部分。倘若左右腦的平衡不佳，將會阻礙創造思考能力。因此，惟有左右腦之間相互協調，才能真正產生創造思考。

(二)智力與認知因素

　　一般而言，高創造力者必須有相當程度的智力為基礎，但高智力者未必具有高創造力，此乃因評量智力的方法與創造力的方法不一所致，智力的評量常在測驗聚斂性思考（convergent thinking）能力，而創造力則在測驗擴散性思考（divergent thinking）能力。然而，低智力者則不可能具有高創造力；此即說明了創造力必須以基本智力做基礎。亨利（Henry, 1991）認為創造力與一般的認知過程有關，可以經由瞭解、推理與思考而來，努力有助於創造力的培養。

(三)父母的特質與教養方式

　　由於幼兒的創造力與其具備的知識有關，所以父母若有較多較廣泛的知識，將更能滿足幼兒的好奇心；父母親具有相當的容忍與

耐心，才能不厭其煩地回答幼兒的問題；父母與幼兒具有相似的創造特徵，才能瞭解幼兒的思想活動，認同幼兒的感覺與情緒；父母的教養方式對於幼兒的心理與行為發展具有莫大的影響力，也是幼兒創造力發展的關鍵因素之一。嚴格控制的教養方式對子女的創造力會有負面的影響，亦即嚴厲的管教方式，易抹殺幼兒的創造力；反之，父母若採取民主的教育方式，肯定及鼓勵幼兒獨立自主、容許自由探索，對於幼兒的創造力發展有正向的影響。

(四)環境因素

李煦芬（2003）研究發現，不同的肢體活動課程能提升幼兒創造力，特別是「舞蹈遊戲課程」更有助於學齡前兒童創造力的發展。毛連塭（2000）則將環境分為限制的環境、支持的環境及縱容的環境三類，其研究顯示，不同的環境對兒童創造力發展有不同的影響，支持的環境最能使兒童發揮創造力。阿瑞提（Arieti, 1976）分析增進創造力發展的社會因素如下：1.充足的物質文化資源；2.接受文化刺激的開放心胸；3.強調並重視文化形成的過程；4.社會中的每個成員都能享用文化資訊；5.提供自由的環境；6.接受不同甚至相反的文化刺激；7.容許不同的意見；8.與學識較高或地位顯赫的人互動；9.提供獎勵（引自江雪齡，1996）。陶倫斯（Torrance, 1987）認為啟發性的環境應具備的重要項目如下：靜聽的氣氛、免除膽怯者的恐懼、排除家庭的批評、使幼兒覺察何者為是、熱誠對待幼兒、鼓勵其再行嘗試、保持創造力的熱誠。布魯納認為兒童從遊戲中嘗試很多新的行為及玩的方法，以便日後應用到實際生活情境中，解決生活上的問題。換言之，遊戲增加兒童行為的自由度及助長兒童的變通能力（引自郭靜晃，2005）。

六、創造力的障礙

有些心理及習慣因素會阻礙創造力的發展，說明如下（參考張詠惠譯，2006）：

1. **恐懼**：幼兒害怕失敗、嘲笑和窘迫，因此裹足不前，將影響創造力的發展。
2. **忽略建設性的點子**：強調單方面的知識灌輸，而忽略建設性的點子，例如父母或老師常對幼兒說：「我教你，你聽著。」此一觀點，與吳武典和陳昭儀（2001）的研究結果相符，兩位研究者針對我國中學學生、教師及行政人員進行問卷調查發現，學生普遍覺得升學壓力沉重、教師創意不足；教師及行政人員亦自省課程規劃不理想等因素，有害學生創造力的發展。
3. **強調競爭力**：在「遊戲規則」的限制下追求勝利，顯然不須有創意，如也此會忽略團隊合作與分享的重要性，影響創造力的發展。
4. **忽略不同形式的表現**：強調筆試、記憶和背誦，忽略不同形式的表現，有礙創造力發展。
5. **強調標準答案**：拒絕好奇與獨立思考。
6. **強調努力工作**：忽略了工作的樂趣，無法引發創意。

七、啟發幼兒創造力的原則

幼兒在托兒所或幼稚園中，甚至出生後的家庭環境，以及父母

及老師，應如何啓發幼兒的創造力，一直是教育學者努力探索的問題。茲整理出下面幾點原則：

1. 輔導者須假設幼兒有多種能力，並提供多方面的刺激，讓幼兒去嘗試。
2. 鼓勵幼兒考慮或想出各種問題不同的解決途徑，並進而限制時間加以訓練。
3. 允許並鼓勵幼兒一切創新的表現，而不加以制止。
4. 指導幼兒多用感官去觀察，探索各種事物，並表達出來。
5. 培養幼兒客觀的思想與看法，對任何事物不堅持己見，能接受他人的意見，做客觀的考量。
6. 鼓勵幼兒多幻想及發揮想像力，如此幼兒可產生新奇的思想，培養對特殊之事物的創造力。
7. 突破限制，不墨守成規，鼓勵幼兒以新的觀點去觀察或瞭解各種事物。
8. 採用民主教育方式，給予幼兒自由發展的機會，以激發其潛能。
9. 改變評量成就的傳統觀念。
10. 尊重幼兒的各種興趣與發展，並加以培養，讓幼兒均有表現的機會，並對其表現加以鼓勵。
11. 接納幼兒特殊的想法，容忍幼兒奇怪的點子。
12. 鼓勵幼兒自動自發的學習。
13. 提供無評價的學習環境，允許幼兒自由做正向發展。
14. 提供適當的教材。唯有適當教材的挑戰性與學生習得之技巧相配合時，方能產生意想不到的學習經驗，對創造力的的產生會有助益（Scherer, 2002）。

八、創造力訓練

　　行為學派主張如果環境因素配合，則創造行為得以產生，亦即，環境刺激的品質是決定創造的因素，也就是說，創造是可以被訓練及刺激產生的。黃志成（2005）列舉五項訓練兒童創造力的課程如下：

(一)敏感度訓練

1.化裝舞會：是指在化裝完後，由兒童來找出化裝者身上缺些什麼、哪些地方和一般人不同等等。例如只有右耳戴耳環，左邊沒戴，看看兒童能不能有所發現。一般而言，愈早發現不同處的兒童，敏感度愈高，有利創造力發展。

2.先知先覺：是指兒童能否發現在其周遭環境的改變。例如母親從家中的遊戲室中拿走了兒童最喜歡的玩偶，看看兒童能不能很快察覺出來家中的遊戲室少了些什麼。一般而言，愈早發現不同處的兒童，敏感度愈高，有利創造力發展。

(二)流暢性訓練

1.萬用杯子：要求幼兒在短時間內盡量說出紙杯的用途。幼兒可能回答紙杯可以用來裝水、裝綠豆、當筆筒等等。一般而言，在一定的時間內，回答出愈多答案的幼兒，流暢度愈高。

2.畫圈成物：是指給幼兒很多圓圈，讓兒童加個幾筆，使圓圈成為另一個圖形（如水果、太陽等），畫出愈多愈好。一般

而言，畫出愈多的兒童，流暢度愈高。

(三)獨創性訓練

1. 萬用杯子：準備一個紙杯，問幼兒紙杯的用途。幼兒回答出與眾不同的答案或別人想不出的答案，就表示幼兒的獨創性愈高。
2. 畫圈或物：如前述（二），給幼兒很多圓圈，讓幼兒加個幾筆，使圓圈成為另一個圖形，幼兒愈是畫出與眾不同的圖形，表示其獨創性愈高。

(四)變通性訓練

1. 排除障礙：幼兒在遇到困難時，先不要教導幼兒解決的方法，讓他自己去思考。例如，幼兒問：大象會不會生蛋？成人先不要回答，然後帶著幼兒去圖書館找資料，如此一來，則可訓練幼兒排除障礙的能力。
2. 歌詞重編：拿幼兒已能朗朗上口的歌曲來重新編詞，例如〈兩隻老虎〉、〈生日快樂歌〉等等歌曲。

(五)精進性訓練

1. 畫樹比賽：讓幼兒畫樹，幼兒畫得愈複雜、愈細密（甚至連根、葉子都一點一點畫出來），表示幼兒的精進性愈高；反之，幼兒畫得愈簡單，表示幼兒的精進性愈低。
2. 裝備廚房：要求幼兒用玩具來裝備一個廚房。例如樂高玩具

中有一些小烤箱、小冰箱、小爐子等等。一般而言，幼兒裝設得愈仔細、愈多樣化、愈能注重細節的，精進性愈強。

關鍵詞彙

創造力	獨創性
敏感度	精進性
流暢性	萬物有靈論
變通性	

 **自我評量**

1.何謂創造力？基爾福提出創造力的五種特質為何？

2.說明富創造力幼兒的特質。

3.說明幼兒創造能力的發展階段。

4.試述幼兒創造力的表現方式。

5.試述影響幼兒創造力發展的因素。

6.試說明幼兒智力與創造力間的關係。

7.試說明啟發幼兒創造力應具備的環境因素為何？

8.試述啟發幼兒創造力發展的原則。

9.全班同學一起玩個遊戲吧！先分組，每組四至五個人，腦力激盪以下物品的各種可能用途：紙杯、寶特瓶、領帶、鞋帶、絲襪、化妝棉，甚至衛生棉等均可，並請依照創造力的五個特徵加以思考。討論時間為五至七分鐘，各組並推派一人進行報告。

參考資料

毛連塭（2000）。《創造力研究》。台北：心理。

江雪齡（1996）。〈文化與創造〉，《資優教育季刊》，58，12-13。

吳武典、陳昭儀（2001）。「創造力教育政策白皮書」子計畫（三）——
　　我國中等教育階段創造教育政策規劃白皮書期末報告。教育部委託
　　專案研究。台灣師範大學。

李煦芬（2003）。《舞蹈遊戲對學齡前兒童創造力之影響》。中國文化大
　　學舞蹈研究所碩士論文。

張詠惠譯（2006）。〈創意的心靈：培養富有創造力的公民〉，《資優教
　　育季刊》，100，28-34。

郭靜晃（2005），郭靜晃等著。〈兒童遊戲發展〉，《兒童發展與保
　　育》，台北：空中大學。

陳李綢（2006），陳李綢、保心怡、李淑娟編著。〈特殊兒童行為輔
　　導〉，《兒童行為觀察與輔導》。台北：空中大學。

陳昭儀（1992）。〈創造力的定義及研究〉，《資優教育季刊》，44，
　　12-17。

黃志成（2005），郭靜晃等著。〈創造力發展〉，《兒童發展與保育》。
　　台北：空中大學。

顏春煌（2006）。〈運用數位學習啟發創造力〉，《空大學訊》，372，
　　46-50。

龔如菲（2001）。《嬰幼兒發展與輔導》。台北：啟英文化。

Csikszentmihalyi, M. & Wolfe, R. (2000). New conceptions and research
　　approaches to creativity: Implications of systems perspective for creativity
　　in education. In K. A. Heller, F. J. Monks, R. J. Sternberg, & R. F. Subotnik
　　(eds.), *International Handbook of Giftedness and Talent* (2nd ed.). New York:
　　Pergamon.

Farley, F. H. & Farley, S. V. (1986). World of the type T personality. *Psychology*

Today, 20(5), 44-52.

Guilford, J. P. (1967). *The Nature of Human Intelligence*. N.Y.: McGraw-Hill.

Guilford, J. P. (1970). Traits of creativity. In P. E. Vernon (ed.), *Creativity*. Harmondsworth: Penguin.

Henry, J. (1991). *Creative Management,* (2nd ed.). CA: SAGE.

Scherer, M. (2002). Do students care about learning? A conversation with Csikszentmihalyi. *Educational Leadership, 60*(1), 2-17.

Torrance, E. P. (1987). Teaching for creativity. In S. G. Isaksen (ed.), *Erontiers of Creativity Research: Beyond the Basics*. New York: Bearly Limited.

Chapter 7

情緒發展

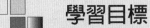

學習目標

1.瞭解情緒的概念

2.瞭解幼兒情緒的特徵

3.瞭解幼兒情緒的發展

4.瞭解影響情緒發展的因素

5.瞭解幼兒情緒的輔導

6.瞭解情緒困擾的幼兒

摘要

　　情緒係指個體因刺激所引起的身心激動狀態，進入情緒的激動狀態時，會引起生理、心理反應及行為的變化。情緒對幼兒的正面影響包括：1.增加幼兒生活上的滿足感，2.與外在溝通的一種方式，3.使幼兒生活多采多姿，4.達成發展目標之一；負面影響包括：1.妨礙技能的學習，2.影響智力的發展，3.阻礙語言的發展，4.導致社交的障礙。

　　幼兒情緒的特徵包括：1.情緒反應是短暫的；2.情緒是強烈的；3.情緒是容易改變的；4.情緒反應是經常出現的；5.情緒反應有很大的個別差異；6.情緒能以行為症狀表現；7.情緒在強度上會改變。「啼哭」可說是人類最早的情緒行為，幼兒積極的情緒反應包括笑、愛與好奇，而消極的情緒反應則包括憤怒、恐懼、嫉妒；情緒分化的歷程，原則上係循著身心成熟的基礎與後天環境的學習而發展。

　　根據心理學家布雷吉斯（K. M. B. Bridges）的研究，嬰幼兒的情緒分化約在三個月內，嬰兒已從原始的激動狀態中分化為兩種矛盾的情緒，即痛苦和快樂，到六個月時，痛苦的情緒又進一步分化為恐懼、厭惡和憤怒，十二個月時，快樂的情緒又分化出高興和喜愛，而痛苦中又分化出嫉妒。到二十四個月時，可以在快樂的情緒中再分化出喜悅來。

　　情緒的發展主要係受成熟與學習兩個因素所影響，幼兒期簡單情緒的發展，受「成熟」因素的支配較大，逐漸成長後的複雜情緒，則受「學習」因素的影響較深；幼兒情緒的輔導原則包括：1.提供良好的家庭環境；2.情緒的宣洩；3.良好的管教態度；4.良好的情緒示範；5.注意情緒的調整；6.注意新情境的調適；7.運用心理學的方法、技術來解決情緒問題。

　　幼兒期三種負面的情緒提供輔導方法：1.恐懼情緒的輔導：分散注意力、直接面對、比擬法、社會學習法、交替學習法；2.憤怒情緒的輔導：不

要以動怒來對付動怒、教導學習控制情緒、協助幼兒疏導動怒的情緒、幫助幼兒為其行為立下一個合理的限制、消弱法；3.幼兒嫉妒弟妹行為的處理：為將出世的嬰兒預做準備，所有可能變動的事物，最好在嬰兒未出世前幾個月就開始實施；最初幾個星期不要在幼兒面前顯得太注意剛出生的嬰兒；讓幼兒參與照顧嬰兒；當幼兒打弟妹時，便已產生嫉妒情緒，更要對大孩子表示父母親對他的愛，絕不可一味的責備；此外，父母對待孩子應公平，避免有偏愛的現象。

　　幼兒在日常生活中，都會遇到問題，這些問題若是不能解決或克服，則會造成幼兒的「情緒困擾」，甚至產生許多不良適應或問題行為。引起幼兒情緒困擾的原因很多，大抵可分為以下五類：1.適應不良；2.幼兒的慾望受阻止；3.成人或友伴的嘲笑、譏諷引起的自卑感；4.肢體殘缺、儀表缺陷所引起的自卑感；5.父母的偏愛，造成幼兒強烈的嫉妒心理（如嫉妒弟妹）。

　　幼兒有情緒困擾時最常出現以下八種徵候：1.坐立不寧，東張西望；2.拍桌踢凳，亂摔東西；3.面部肌肉緊張；4.口吃或吃力的深呼吸；5.咬指甲和亂抓頭；6.睡眠不穩，常做噩夢、說夢話；7.其他神經質的表現；8.過分白日夢的傾向。

　　情緒困擾的輔導，可以選擇下列幾種方式：1.心理治療；2.工作治療；3.行為治療；4.團體治療；5.態度治療；6.遊戲治療。

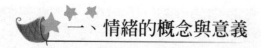

一、情緒的概念與意義

　　情緒（emotion）是心理活動的一個重要名詞，人們常常藉著喜、怒、哀、樂等情緒反應，來表達其與周圍環境（人、事、物）相處的心理感受。即使是新生兒也具備表達情緒的能力（雷庚玲，2001），如利用哭與笑來表示其當前的需求、害怕與愉悅的感覺。

　　情緒與情感（feeling）兩詞常易混淆，兩者雖均屬一種基本的感情作用，且均為個體因刺激所引起的身心激動狀態，不過，情緒一詞偏向指激動狀態較強烈者，且會影響整個身體與心理，甚至行為；而情感則為激動狀態較溫和者，且影響多為心理層面。亦即，情緒反應是一種個體主觀經驗反應，也伴隨著生理及行為的改變（Srouge, 1997）。

　　因之，當個體受到了刺激，進入情緒的激動狀態時，會引起生理反應，並由其外顯行為可加以觀察，分述如下：

1. 生理反應：個體情緒激動時，會因交感神經之興奮，造成心跳加速、血壓增高、呼吸量增大、血醣增高、瞳孔擴大、血凝較快以及腸胃蠕動減緩等現象。同時，體內的各種分泌腺也隨之發生變化，如個體憤怒時，唾腺分泌減少，再加上呼吸急促（呼出較多的水蒸氣），因而產生口乾現象。
2. 外顯行為：除生理變化與腺體反應外，亦可由個體的外顯行為，如面部表情、聲音、動作等來判斷其情緒狀態。譬如當幼兒高興時會拍手、傷心時會哭泣、痛苦時會皺眉頭或哇哇大叫等。

　　由以上的分析，我們可以為情緒下一簡單的定義：情緒是個體

受到某種刺激後所產生的一種激動狀態，此種狀態雖為個體自我意識所經驗，但不為其所控制，因之對個體有干擾或促動作用，並導致其生理上與行為上的變化（張春興，1991）。

二、情緒對幼兒的重要性

對幼兒而言，其情緒行為的強度與頻率，皆遠超過其他年齡階段。直到身心發展成熟，方能適度的控制情緒，表現符合社會規範的適當行為。因此，幼兒期變化多端的情緒表現，可說是幼兒的一種生活方式，對幼兒本身具有正、負兩方面之影響，分述如下：

(一)正面影響

1. 增加幼兒生活上的滿足感：幼兒的情緒行為，不管是激動或興奮，對生活經驗的擴展皆有幫助。且由於情緒行為後所產生的「鬆弛感」與「舒適感」，帶給幼兒莫大的快樂與滿足。

2. 與外在溝通的一種方式：不必借助語言文字，靠著臉部的表情、手勢動作、身體改變等所產生的各種情緒行為，即能讓人知悉幼兒的感受與想法，是與外界最直接的溝通方式，尤其是嬰幼兒語言表達能力不是很好的時候。

3. 使幼兒生活多采多姿：幼兒情緒的表示，不但影響周遭的成人，更使幼兒獲得經驗、增加接觸、拓展生活內容。

4. 達成發展目標之一：幼兒情緒，非但可以擴展經驗，而且也具有宣洩作用，因之幼兒鬧過情緒後，就會「雨過天晴」，

達到心理衛生的治療效果。

(二)負面影響

1. 影響身體的健康：若幼兒長期處於負面情緒（如憂鬱、焦慮、生氣等），其免疫系統對抗感染的能力會降低；或導致自律神經系統功能失調。甚至有些研究顯示，某些情緒所形成的人格特質對身體也有很大的威脅，如：A型性格與心臟病（郭靜晃等，2005）。

2. 妨礙技能的學習：若幼兒情緒過於激烈，則注意力不易集中，沒有耐性，易影響到新技能的練習和熟練。

3. 影響智力的發展：強烈的幼兒情緒，影響幼兒的學習，使之不能理解，不易記憶，若長期或過於激烈的幼兒情緒，其影響尤大。

4. 阻礙語言的發展：因幼兒情緒困擾，而造成語言學習遲緩、發音缺陷、口吃等現象者，不勝枚舉。

5. 導致社交的障礙：因幼兒情緒過於強烈，使得其他幼兒與其日漸疏遠，照顧者對幼兒的觀感也不佳，易造成社會行為發展不良。

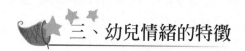 三、幼兒情緒的特徵

阮淑宜（1991）將學前幼兒的情緒反應歸納為下列七個特點，父母與師長若能有正確的瞭解，即能辨別哪些是正常的表現模式，哪些可能是情緒障礙，有助於輔導幼兒的情緒發展。

(一)情緒反應是短暫的

　　幼兒透過哭、笑等情緒反應，有助於釋放情緒的能量或強度，等到能量釋放完全，情緒亦隨之而過。因而，其情緒的持續多半僅有數分鐘或更短的時間，然後突然消失。

(二)情緒是強烈的

　　幼兒尚無法有效的控制自我的情緒，常將感受到的隨即表現出來，所以經常是強烈的，且比成人的情緒要強烈得多。

(三)情緒是容易改變的

　　幼兒因注意力持續時間短，其情緒極易隨注意力轉移而改變，如片刻間即能由哭而笑，由生氣而爆笑。

(四)情緒反應是經常出現的

　　幼兒一受到外在人、事、物的影響，因其不曉得亦不會隱藏情緒，因而經常表現出喜、怒、哀、樂的情緒。然隨著年齡的增加，社會化的影響，漸能控制情緒。

(五)情緒反應有很大的個別差異

　　新生兒情緒反應是相似的，但隨著年齡增長，經驗的累積，幼兒情緒反應個別化，其差異隨之增加。例如，幼兒害怕時，有的是

大哭，有的是躲到媽媽的衣裙後。

(六)情緒能以行為症狀表現

幼兒有強烈的情緒反應時，易於把感受直接表現於行爲或表現在不良習慣或症狀上。譬如咬指甲、胃口欠佳、睡不安寧（從噩夢中醒來）、小便次數增多、退化現象（如重現嬰兒時期哭、鬧、尿床等模式）……等。上述不良習慣或症狀可說是幼兒求救的訊號，輔導者應多注意。

(七)情緒在強度上會改變

隨著年齡的增長，幼兒逐漸社會化，且控制情緒的強度逐漸增強，情緒的表現在強度上即會逐漸減弱。

四、情緒的發展

情緒的經驗和狀態，是從嬰幼兒開始即不斷發展。嬰兒自出生之後，漸漸萌發滿足、興趣與苦惱（Lewis, 1997），這些情緒是分散的，是反射性的，直到六個月大，嬰兒才會將這些反應分化成爲眞實的情緒，如歡樂、悲傷、厭惡及生氣、恐懼，一歲半後，嬰兒發展自我察覺意識之認知基礎後，才開始有自我意識的情緒，如同理心與嫉妒，直到三、四歲後，幼兒逐漸從社會價值規範中發展自我評價之情緒，如自尊、羞恥及罪惡感（Lewis, 1997, 1998）。

加拿大女心理學家布雷吉斯（Bridges, 1932）對六十二個從出

生到兩歲的嬰兒進行情緒發展的觀察研究，提出情緒連續分化的發
展理論，她認為初生嬰兒除了恬靜的狀態之外，所謂情緒，只不過
是一種激動狀態（excitement）而已，也就是一種雜亂無章未分化
的反應。逐漸地，隨著成熟與學習的因素，才慢慢分化為複雜的情
緒表現。

　　「啼哭」可說是人類最早的情緒行為，也是人類表現痛苦情
緒最原始的方式；嬰兒的啼哭多為生理上的原因，如肚子餓、口
渴、排泄等生理需求時，皆以啼哭來表達。隨著身心的成長，情緒
反應也有了改變，由布雷吉斯的研究可發現，約在三個月內，嬰兒
已從原始的激動狀態中分化為兩種矛盾的情緒，即痛苦（distress）
和快樂（delight），到六個月時，痛苦的情緒又進一步分化為恐懼
（fear）、厭惡（disgust）和憤怒（anger），到十二個月時，快樂
的情緒又分化出高興（elation）和喜愛（affection）。再過半年，
又可看出愛成人與愛兒童的區別，與此同時，痛苦中又分化出嫉妒
（jealousy）。到二十四個月時，可以在快樂的情緒中再分化出喜
悅（joy）來。嬰幼兒在兩歲以前的情緒分化內容詳如**圖7-1**。

　　上述情緒分化的歷程，原則上係循著身心成熟的基礎與後天環
境的學習而發展。然而分化的時期以及發展的快慢，仍受個別差異
的影響而有所不同。

　　嬰幼兒時期主要的情緒反應，包括積極的、愉快的情緒和消極
的、不愉快的情緒，茲分述如下：

(一)積極的情緒反應

1.笑：嬰兒的笑是第一個社會性行為，透過笑，可以引出其他
　　人對嬰兒積極的反應。嬰兒最初的微笑可以在沒有外部刺激

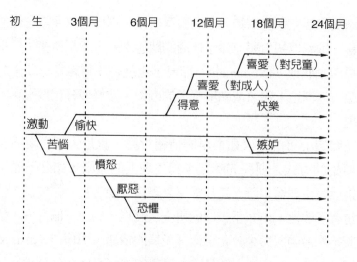

圖7-1　嬰幼兒期情緒分化圖

資料來源：Bridges (1932).

的情況下發生，是「自發的笑」或「反射性的笑」，此種現
象在嬰兒睡著時常可見到。約二、三個月，嬰兒雖仍不會區
分熟悉與陌生的個體，但是人的聲音和人的臉特別容易引起
他們的微笑，甚至假面具亦然，這種情況約維持到六個月，
稱為「社會性的微笑」。自六、七個月起，嬰兒已能開始對
不同的個體做不同的反應，尤其對熟悉的人會很開心的笑，
而對陌生人則有所警惕，稱為「選擇的社會性微笑」。週歲
左右的幼兒，遊戲時（尤其大人用手遮面與幼兒玩躲迷藏遊
戲）常會發出「咯咯」、「咕咕」的笑聲，顯得非常快樂。
兩歲以後的幼兒在愉快的笑聲中，常同時伴隨著語言的出
現。

2.愛：「愛」是人類原始的情緒之一，馬斯洛（A．H.
　　Maslow）亦認為愛與歸屬是人類基本需求中第三層次的需

求。嬰兒最早對愛的反應是躺在床上，面露微笑，凝視照顧他的人，同時揮舞著雙臂及雙腳，企圖擁抱，但動作並不協調。直到七個月後會起坐的嬰兒，見到他所喜愛的人，立刻伸出雙手表示希望得到擁抱。這種愛的情緒表現是最自然、最眞誠的。

3.好奇：由於新生兒眼部協調作用微弱，惟有強烈的刺激才能引起他們的注意，此時尚談不上好奇。當嬰兒雙眼協調能看清東西後，任何新鮮的事物均足以引起他們的好奇，甚至六個月的嬰兒會傾身趨向他好奇的東西，並用手抓它。兩歲以後是幼兒的好問期，若幼兒的疑問能獲得解答，則能滿足他們的好奇慾望。

(二)消極的情緒反應

1.憤怒：當幼兒身體活動受到約束，或某種需求不能獲得滿足，或需求正在進行時被阻斷（如喝牛奶尚未滿足即沒牛奶了），內心常會產生一種不平和和不愉快的情緒，而引起憤怒。嬰兒發洩他們憤怒的情緒是以啼哭的方式，幼兒則表現出「發脾氣」。年齡愈小，憤怒的情緒愈易平息，而年齡愈大，發怒時間也愈久。一般而言，幼兒憤怒情緒的出現次數，約在一歲半到兩歲間達到頂點，以後憤怒的反應便漸減少。通常對付發脾氣的幼兒，最好的方法是「轉移」或「暫時不理」，以使幼兒明白要脅無效而放棄此種手段。

2.恐懼：嬰兒最初的恐懼反應約出現於四個月，此時最易引起恐懼反應的刺激是巨大的聲音，且嬰兒期最初的恐懼多只限於直接環境的具體事物，如怕狗，六個月時怕生則慢慢出

現;而後,漸漸的由於幼兒生活面的擴大,經驗的擴充,以及其自身內部的狀態所影響,會產生想像的恐懼,如怕鬼、怕強盜等有幻想及超自然的恐懼,此種恐懼並隨著年齡的增加而增加;進入幼稚園或小學,有了競爭的社會行為後,則會產生怕失敗的恐懼。恐懼是一種不愉快的情緒狀態,為二至六歲幼兒期增加最多的情緒反應(郭靜晃等,2005)。長時間對某一或某些事件恐懼,極易造成焦慮,而影響到人格的正常發展。

3.嫉妒:嫉妒係由憤怒分化出來的一種形式,是專指對人所產生的一種憤怒態度。幼兒最早的嫉妒行為大約出現在一歲半左右,且多半係由於母親生下第二個孩子而忽略對年長兒的照顧。此後更為爭取父母的寵愛,甚至幼稚園老師的愛、關懷,而對兄弟姐妹或同伴嫉妒。幼兒嫉妒時,有時候會回歸到新生兒式的行為,即心理學上所謂的退化現象,如:尿床、不吃飯、愛哭、常鬧情緒、偽裝生病等行為。

五、影響情緒發展的因素

嬰幼兒情緒自原始的基本狀態經過成熟與分化後,產生了多種具特殊意義的情緒。但是幼兒如何由初始的恬靜與激動兩種未分化的情緒,發展為各種不同的情緒呢?其影響因素如下所述:

(一)性別的因素

王心怡(2006)研究發現,女學童在兒童情緒智力量表之各分

量表上的反應分數皆顯著高於男學童。鄭英建（2006）研究發現，不同性別資優學生之整體情緒智力有顯著差異，女生高於男生。由以上兩個研究結果均發現，女童的情緒智商高於男童。

(二)身心成熟的因素

幼兒情緒的表現會隨年齡的增長出現不同的情緒反應，例如，二個月大的嬰兒很容易接近任何人，但六個月大時則出現怕生的反應，此乃嬰兒情緒發展使然。葛塞爾（Gesell, 1929）曾將一嬰兒放在很小的圍欄內，十週大的嬰兒處在此情境下並無任何反應；到了二十週大時，處在此欄內則會感到不自在，常會回頭找人，顯出懼怕反應；到三十週時，只要將他一放入欄內，他就大哭，此研究結果充分說明，由於嬰兒身心成熟，造成情緒發展的改變，尤其年齡漸長，將因更瞭解自己及他人的感受，甚至因更能調節在社會情境中的自我情緒表達及回應別人不順利或苦惱的情緒反應（引自 Saarni, Mumme, & Campos, 1998）。影響身心成熟的因素有神經器官及分泌腺，分述如下：

1. 神經器官方面：腦中有若干中心專司情緒的反應，也受神經系統控制面部肌肉、發音器官及身體的各部分，使情緒得以反應出來。
2. 生理成熟：當幼兒遇到緊急壓力源（以恐懼情緒為例）時（如強烈地震、惡犬近距離猛吠等），基於防衛勢必會有所因應，採取的措施不外乎逃跑、抵抗、尋求援助或躲避。此時肝臟會釋出多餘的葡萄糖，以增強全身肌肉之活動所需之能量；身體的新陳代謝加速，以備體力消耗之需；心跳加快、血壓增高、呼吸加速，以吸入更多的氧氣；分泌腦內啡

（endorphin），可以抑制痛覺的傳導；皮膚表面下的微血管收縮，以避免受傷時流血過多；骨髓製造更多的白血球以防止感染（繆敏志，1995）。以上的運作，均靠生理機能的成熟。

(三)學習因素

簡單情緒的表現方式，雖然多受成熟因素的支配，但何時、何地，以及在什麼情況下表現何種情緒，卻受學習因素的影響甚大。經學習而得的情緒反應可分爲下列幾種：

1. 由直接經驗而養成：例如，幼兒本來不怕火，經一次玩火被燒傷後，見火就害怕。
2. 制約反應：例如，一種本來並不會引起懼怕的刺激，因爲常和另一種會引起懼怕的刺激同時出現，經若干次後，便逐漸也會變成引起恐懼的刺激。
3. 由類化作用而養成：例如，幼兒由於怕白兔，以致後來看見白狗、白貓，甚至一切白色的動物，均發生懼怕反應。此乃類化作用，將懼怕反應轉移至類似的事物上。
4. 由於模仿而養成：基於社會學習論的觀點，幼兒如果看見其周圍的人喜愛某種事物，久而久之，會因模仿亦喜愛該物。
5. 由於成人的暗示：他人直接或間接的暗示，也可造成情緒反應。例如，幼兒本不怕「黑暗」，後經別人暗示黑暗中有鬼會出現，於是幼兒也怕黑暗了；又如原本不怕老虎，但看到成人談及老虎時害怕的樣子，而造成其懼怕的反應。

(四)其他因素

根據布魯克斯岡恩和鄧肯（Brooks-Gunn & Duncan, 1997）的研究發現，家庭貧窮會影響兒童的情緒發展，造成情緒控制、焦慮、退縮、沮喪等情緒問題。此外，根據陳玉玟（2006）的研究發現，男生的情緒行為困擾高於女生。

因飢餓、口渴、睡眠不足等身體內部不適的情況，往往也會引起幼兒情緒的變化。此外，資賦優異兒童的情緒困擾較少，其情緒穩定性均較普通智力兒童為高（黃志成、王麗美、高嘉慧，2008）。

由上述分析可知，情緒的發展主要係受成熟與學習兩個因素所影響，在情緒發展中，固然無法確知有多少成分是成熟因素所決定，或是另有多少成分係由學習而獲得，但大體而言，如同幼兒動作發展受成熟與學習因素影響，幼稚期簡單情緒的發展，受「成熟」因素的支配較大，逐漸成長後的複雜情緒，則受「學習」因素的影響較深。

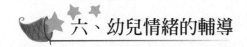 六、幼兒情緒的輔導

幼兒情緒的控制，為幼兒心理發展的重要課題，父母、保母或學前機構的老師均須注意此一問題，年齡愈小，性格變化愈大，相對的，也愈容易經由適當的學習作用，發展形成日後成熟健全的人格。因之，為維護其身心健康，協助幼兒有最佳的情緒發展，宜注意幼兒情緒的輔導。

以下針對一般的輔導原則加以闡述：

1. 提供良好的家庭環境：由於情緒的刺激大都來自環境，根據
   行為學派的觀點，家庭環境對幼兒的影響尤甚，是故愉快、
   和諧的家庭生活經驗、親情的給予，對其情緒發展有莫大的
   影響。安斯吾爾和貝爾（Ainsworth & Bell, 1970）所設計的
   親子依附實驗，說明了母親為嬰幼兒依附的主要對象，一旦
   母親離開嬰幼兒，則其啼哭增加一倍，俟母親返回實驗場
   後，嬰幼兒啼哭明顯降低，顯見母親對幼兒情緒的重要性。

2. 情緒的宣洩：每位幼兒在生活中都可能遭到衝突、挫折，而
   表現不良的情緒反應，應「適時」的給予宣洩，以免積壓產
   生更嚴重的困擾，如利用拍拍球、跑跑步、做做遊戲、唱唱
   兒歌來發洩憤怒、憂慮、懼怕、嫉妒等情緒。

3. 良好的管教態度：平時父母除應有公正、一致的管教態度
   外，針對情緒的管教，尤應注意：在一些特別的時間、空間
   （場所）與情境，避免「造成」幼兒的情緒，如吃飯、睡
   覺、遊戲前後或幼兒疲勞、飢餓、疾病或睡眠不足時，勿對
   幼兒「訓話」、「管教」或「算舊帳」；切勿暗示幼兒使用
   「情緒化」的行為來表達，如幼兒跌倒，原本不痛，父母千
   萬別大呼小叫、愁容滿面，暗示幼兒「你很痛、你該哭」；
   幼兒鬧情緒時，成人應冷靜分析，並以誠懇堅定態度告知幼
   兒，使幼兒知道適可而止，並恢復平靜；對幼兒利用「情緒
   化」來做威脅時，父母第一次即應嚴詞拒絕，不可妥協投
   降，養成習慣。

4. 良好的情緒示範：從社會學習論的觀點，幼兒模仿力強，若
   父母常表現不良情緒，可能讓幼兒有學習機會，造成不良後
   果，因之，父母本身應有良好的情緒示範。此外，當幼兒發
   生緊急事件，導致情緒狀態（如恐懼、憤怒）時，父母應以

鎮定的態度，迅速的處理來幫助他，並給予安全感。

5.注意情緒的調整：當幼兒情緒激動及接受情緒輔導時，要酌留「情緒調整時間」，亦即留給幼兒考慮「反應方式」的時間，先讓幼兒平息激動情緒。例如，告訴幼兒，我數到十你就不能再哭了。

6.注意新情境的調適：如遇搬家、上幼稚園、上小學、家中新添弟妹時，幼兒面對此新環境的轉變，可能產生恐懼、嫉妒或其他不適應狀況，父母及保育員應即時予以疏導。

7.運用心理學的方法、技術來解決情緒問題：如增強、消弱、類化、制約等來改變幼兒的行為，維持或增強良好的情緒行為，甚至消除幼兒的一些不良行為。

七、幼兒期重要的情緒輔導

以下針對幼兒期三種負面的情緒提供輔導方法：

(一)恐懼情緒的輔導

首先須弄清令幼兒恐懼的根源，方可能為其消除恐懼心理，惟一般幼兒並不知道或不會表達令他恐懼的原因，所以須耐心與細心的觀察，以發覺可能的原因。如確實無法尋出根源，只好盡量以最自然的方法予以安慰，一般常用的方法如下：

1.分散注意力：講一些笑話，一面笑，一面表示該物不可怕，減低幼兒恐懼的情緒。

2.直接面對：直接接觸幼兒恐懼的事物，解釋不值得害怕的道
理，以消除恐懼。

3.比擬法：利用說故事的方法，把幼兒害怕的事物編成故事，
由故事中說明該事物並不可怕。

4.社會學習法：例如，把怕貓的幼兒，帶到不怕貓的童群中
玩，使其因觀察、模仿而逐漸不怕貓。

5.交替學習法：把幼兒懼怕的事物，常常和愉快的事物相連
接，無形中便不會害怕。

(二)憤怒情緒的輔導

以下五點為對幼兒憤怒情緒的對策：

1.不要以動怒來對付動怒：當幼兒動怒時，應盡量保持冷靜、
同情、客觀、接納的態度，以建立自我控制的榜樣，如以動
怒來對付動怒，只有加深問題的嚴重性，但這不表示我們應
該完全採取寬容的態度，我們應對付的是幼兒的行為，而不
是幼兒本身。

2.教導學習控制情緒：我們不能指望幼兒控制憤怒的「感
受」，但能教導他學習控制表現此種感受的「行為」。父母
必須瞭解憤怒為發育中幼兒的一種不由自主的情緒，幼兒很
難控制他將感受什麼或何時感受這種內心的感情，但我們可
以教導他學著控制表現憤怒的行為，不許發展出打人、丟
沙、咬人等反社會的行為。

3.協助幼兒疏導動怒的情緒，使不致傷害自己或攻擊別人：發
洩憤怒的情感猶如讓開水壺的蒸氣排出，所以在合理的限制
下，應讓幼兒把內心的感受發洩出來，如果不讓他發洩，將

更難控制他的行為，或日久積壓，造成心理的不健康。

4. 幫助幼兒為其行為立下一個合理的限制：一般父母對子女的管教不是太過嚴厲，便是失於放縱，這對幼兒未來情緒的發展都有不良的影響，故應在一個合理的範圍下允許幼兒表現其情緒反應。

5. 削弱法：幼兒無緣無故發脾氣時，可能是為了引起他人的注意。因此，對幼兒沒有理由的發怒，最好的處理方法是不要理會，因為「當台下沒有觀眾時，演員也就演得沒勁了」。

(三)幼兒嫉妒弟妹行為的處理

家中新添弟妹時，幼兒常因感到父母將全部心力轉移到弟妹身上，而出現嫉妒情緒，導致許多退化行為（如哭、鬧、尿床、不自己吃飯要父母餵食）的出現，父母面對此種情境，可採取的措施如下：

為將出世的嬰兒預做準備，所有可能變動的事物，最好在嬰兒未出世前幾個月就開始實施；最初幾個星期不要在幼兒面前顯得太注意剛出生的嬰兒，尤其不要在他的面前餵母乳；讓幼兒參與照顧嬰兒，使其有參與感；當幼兒打弟妹時，便已產生嫉妒情緒，此時父母除保護嬰兒不受到傷害外，更要對大孩子表示父母親對他的愛，絕不可一味的責備；此外，父母對待孩子應公平，避免有偏愛的現象。

八、情緒困擾之幼兒

(一)情緒困擾的定義

幼兒在日常生活中，都會遇到許許多多的問題，這些問題如果解決或克服，就會獲致成功的滿足，經驗的擴展；反之，若是不能解決或克服，則會造成幼兒的「情緒困擾」（emotional disturbance），甚至產生許多不良適應或問題行為。所謂情緒困擾，詳言之，即是個體想達到本身需求時，遭遇到外界的阻礙或個體本身的心理衝擊，而陷於一種挫折情境，使個體感到焦慮、痛苦、恐懼、情緒不安、猶豫不決等情緒狀態，時間經久，往往無法善用其心智能力於建設性工作，造成生活適應的困擾，凡此即稱為情緒困擾。

引起幼兒情緒困擾的原因很多，大抵可分為以下五類：

1. 適應不良。如初入幼稚園的幼兒，對適應新環境的老師、同儕產生恐懼與不安。
2. 幼兒的慾望受阻止，如得不到想要的糖果或玩具而遭遇挫折。
3. 成人或友伴的嘲笑、譏諷引起的自卑感。
4. 肢體殘缺、儀表缺陷所引起的自卑感。
5. 父母的偏愛，造成幼兒強烈的嫉妒心理（如嫉妒弟妹）。

(二)幼兒情緒困擾的特徵

當嬰幼兒有情緒困擾時，最常出現以下八種徵候：

1.坐立不寧，東張西望。
2.拍桌踢凳，亂摔東西。
3.面部肌肉緊張。
4.口吃或吃力的深呼吸。
5.咬指甲和亂抓頭。
6.睡眠不穩，常做噩夢、說夢話。
7.其他神經質的表現。
8.過分白日夢的傾向。

(三)情緒困擾的輔導

對情緒困擾之幼兒，經診斷原因後，可依個別差異，選擇下列幾種方式來輔導（黃志成等，2008）：

1.*心理治療*：即運用心理學的原理與方法，以治療由心理因素所造成的情緒問題。
2.*工作治療*：使情緒困擾的幼兒致力於一種有興趣、有價值的工作或活動，如繪畫、音樂、美勞、剪貼等，如此必能使他全神貫注，消除緊張心理狀態。
3.*行為治療*：係以行為主義的學習理論為原理，以交替學習為基礎而發展出來的，其中心觀念認為一切行為徵候均由學習而來，所以只要適當訓練即可消弱其不良適應，或在預先設計的情境中，學習一種新的正確反應去替代原有錯誤的反應。因此，當幼兒出現不良行為時，可採用正、負增強法、懲罰、消弱等行為改變技術來改善其困擾行為。
4.*團體治療*：使情緒困擾幼兒參與團體活動，增進人際關係，在快樂情境中達到治療目的。

5.態度治療：指與治療工作有關的人員，維持一致的態度，指導者不但矯正問題幼兒，還要矯正與幼兒有關的成人，如父母、老師等，唯有大家態度一致、態度正確，使幼兒感到安全、愉快，自然有助於健康心理的恢復。

6.遊戲治療：乃利用遊戲的方法來分析幼兒的心理問題，使幼兒藉遊戲的過程，發洩其內心的敵對、仇恨、攻擊等情緒，於遊戲中允許幼兒表現有限度的破壞行為而不責難，才能將其壓抑的情緒發洩出來，使問題行為消失。

關鍵詞彙

情緒	情緒困擾
團體治療	工作治療
恐懼	行為治療
嫉妒	態度治療
制約反應	遊戲治療
類化作用	

自我評量

1.何謂情緒？其對幼兒的重要性為何？

2.說明幼兒情緒的特徵有哪些？

3.試述幼兒情緒分化的過程。

4.試各列舉三項幼兒積極與消極的情緒。

5.說明影響情緒發展的因素。

6.幼兒情緒的輔導原則有哪些？

7.試述兒童恐懼情緒的輔導原則。

8.試述兒童憤怒情緒的輔導原則。

9.試述兒童嫉妒情緒的輔導原則。

10.何謂情緒困擾？造成的原因有哪些？

11.幼兒情緒困擾的特徵為何？

12.應如何輔導情緒困擾的幼兒？

13.你曾經發生過什麼樣的事情讓你產生複雜的情緒狀態？請分享所發生的事件與當時的情緒。

參考資料

王心怡（2006）。《高低情緒智力導師之國小班級學生的情緒智力差異研究》。新竹教育大學教育心理與諮商研究所碩士論文。

阮淑宜（1991）。〈學前兒童情緒與認知之探討〉，《幼兒教育年刊》，（4），87-94。

胡永崇（1990）。〈學習障礙兒童社會情緒行為的發展及其輔導〉，《特教園丁》，5（4），8-13。

張春興（1991）。《心理學》。台北：東華書局。

郭靜晃、黃志成、黃惠如（2005）。《兒童發展與保育》。台北：空中大學。

陳玉玟（2006）。《國小高年級學生自我概念與行為困擾相關之研究——以台北市信義區國小為例》。中國文化大學青少年兒童福利研究所碩士論文。

黃志成、王麗美、高嘉慧（2008）。《特殊教育》。台北：揚智文化。

雷庚玲（2001），張欣戊等著。〈情緒及家庭中社會關係的發展〉，《發展心理學》（修訂三版）。台北：空中大學。

鄭英建（2006）。《資優生的情緒智力發展與情緒教育方案實施成效之研究》。致遠管理學院教育研究所碩士論文。

繆敏志（1995），郭靜晃主編。〈壓力〉，《心理學》。台北：揚智文化。

蘇建文（1981）。〈兒童及青少年情緒穩定性發展之研究〉，《家政教育》，8，（4），1-8。

Ainsworth, M. & Bell, S. M. (1970). Attachment, exploration, and separation: Illustrated by the behavior of one year old in a strange situation. *Child Development*, 41, 49-67.

Brooks-Gunn, J. & Duncan, G. (1997). The effects of poverty on children. *The Future of Children and Poverty*, 7. (2), 73-87.

Bridges, K. M. B. (1932). Emotional development in early infancy. *Child Development, 3,* 324-341.

Lewis, M. (1997). The self in self-conscious emotions. In S. G. Snodgrass & R.C. Thoupson (eds.), *The Self Across Psychology: Self-recognition, Self-awareness, and the Self-concept* (vol.818). New York: Academy of Science.

Lewis, M. (1998). Emotional competence and development. In D. Puskkar, W. Bukowski, A. E. Schwartzman, D. M. Stack, & D. R. White (eds.), *Improving Competence across the Lifespan.* New York: Plenum.

Saarni, C., Mumme, D. L., & Campos, J. J. (1998). Emotional development: Action, communication, and understanding. In W. Damon (Series ed.) & N. Eisenberg (Vol. ed.), *Handbook of Child Psychology: Vol.3. Social, Emotional, and Personality Development* (5th ed.). New York: Wiley.

Srouge, L. A. (1997). *Emotional Development.* Cambridge, England: Cambridge University Press.

Chapter **8**

語言發展

 學習目標

1. 瞭解語言的意義及功能
2. 瞭解自我中心語言發展特徵
3. 瞭解社會化語言發展特徵
4. 瞭解幼兒語言發展的分期
5. 瞭解語音、語意、語法與語用發展的情形
6. 瞭解性別與排行因素對幼兒語言發展的影響
7. 瞭解年齡因素對幼兒語言發展的影響
8. 瞭解家庭因素對幼兒語言發展的影響
9. 瞭解幼兒語言內容的發展情形
10. 瞭解輔導幼兒語言發展的方法

摘要

語言是指傳達思想、感情，或能引起他人反應的行為。皮亞傑將幼兒語言分為「自我中心語言」及「社會性語言」；「自我中心語言」的特徵為：反覆語、獨語、集體的獨語，「社會性語言」的特徵為：適應性的述說、批評、命令或請求、質問、回答。

幼兒語言有七大功能：1.幼兒經由語言來表現其情緒、情感和願望；2.幼兒以語言遊戲來獲得快樂；3.幼兒以語言作為社會化的手段；4.幼兒以語言使自己的想法獲得社會的認可或作為社會交換的準備；5.幼兒經由語言做「有聲的思考與想像」；6.幼兒以語言來促使事情的發生；7.幼兒以語言交換知識與觀念的方法。

幼兒的語言發展可分為以下六期：發音時期（出生至一歲左右）、單字句期（一歲到一歲半）、多字句期（一歲半至兩歲）、文法期（兩歲到兩歲半）、複句期（兩歲半到三歲半）、完成時期（四歲至六歲）。

影響幼兒語言發展的因素有以下幾點：1.性別與排行因素：女童的語言品質優於男童，而子女中的頭胎在語言能力上較後胎為高，獨生子女或多胞子女的老大語言能力亦較佳；2.年齡因素：幼兒的字彙、語彙隨年齡而增加，且隨年齡的增加，自我中心語言愈少，而社會化語言漸多；3.智力因素：智力高的幼兒開始學說話的時間較早，且使用語句較長，語言使用的品質也較好；4.家庭因素：家庭社經地位較高者、父母教育程度高者、親子互動較頻繁者、兄姐及年長之友伴愈多者，幼兒語言發展較好。

幼兒語言發展的輔導，有以下八項：1.注意發音器官的保護；2.提供良好的學習機會；3.慎選玩伴；4.給幼兒充分說話的機會；5.養成幼兒良好的語言習慣；6.提供輔助語言教材；7.隨時糾正；8.對於語言障礙的幼兒，請語言治療師即早予以矯正。

一、語言的意義

　　所謂語言是指傳達思想、感情，或能引起他人反應的行為。語言的溝通方式可透過口語、文字、手語、身體語言或各種溝通符號而達成，因此語言不止是指說話，而是包括了啼哭、手勢、喜怒的表情、呼喊、嘆息、書寫、繪畫等，都算是語言。只是有音節，含有意義的語言，才能夠把其他的各種語言用容易使人瞭解的方式「說」出來，使別人聽得懂，所以音節加上音義才是語言的要素。因此，鄭蕤（1990）對語言下一個狹義的定義：「語言是用聲音符號表達人類思想和情感的工具。」

二、幼兒語言發展特徵

　　皮亞傑是第一個把幼兒的語言依其功能之不同而加以分類者。皮亞傑認為幼兒說話的功用並不是單純的表達思想而已，而是幼兒利用語言來與他自己交往，同時也利用語言來與別人交往；足見語言有其特殊功能存在。皮亞傑將幼兒自己與自己相互交往的語言，叫做「自我中心語言」，而將幼兒自己與別人相互交往的語言叫做「社會性語言」。分別介紹此兩種語言發展的特徵如下（Piaget, 1952）：

(一)自我中心語言

　　是一種自我語言的形式，幼兒並不想知道他正在向誰說話，也不關心他的話有沒有人聽；他只為自己想說話而說話即能夠得到快

樂。此期幼兒在用詞上，以第一人稱「我」或「我的」等代名詞為多，其特徵為：

1. **反覆語**：在幼兒期的最初期裡，幼兒常將所聽到的語言一再的反覆，他雖然不一定知道是什麼意思，都會照著所聽到的聲音去模仿。例如：當幼兒聽到時鐘「答答」的響，他就會模仿著說出「答答」的聲音，幼兒就這樣藉著聲音的重複，當作語言遊戲自娛。

2. **獨語**：幼兒即使獨自一個人，也會邊說邊想似地向著自己說話，他不是在與別人交換思想，而是以語言來陪伴他的行為。

3. **集體的獨語**：即使在團體中，幼兒依照自己邊想邊做不會去注意到別人，也不去考慮別人的現實反應。如幼兒說：「嗯！這邊有馬，嗯！這是大砲耶！」此處的「嗯」，幼兒並不期待他人的回應，而是幼兒假定有人聽著，而在對假定的聽話者說話而已。

(二)社會性語言

由於社會化的結果，幼兒已能真正的向聽話者說話，且能考慮到別人的觀點和反應，其特徵為：

1. **指望他人聽他說話**：此時幼兒已不是對他心目中假定的聽話者說話，而是要使真的聽話者聽他說話，會企圖影響對方。

2. **批評**：此時幼兒已能用語言來批評別人的缺點或指責別人的過失。

3. **命令或請求**：幼兒已會以命令或請求的口吻與其他人互動，

如幼兒說：「拿下來，給我騎」或「拜託，給我」。

4.質問：幼兒所發出的問題，幾乎全都是想要人家回答他的問題，例如：「你要吃什麼？」

5.回答：幼兒已會回答別人的問題，且不是自發的語言，如別人問：「你在看什麼？」幼兒會回答他正在看的東西：「小狗」。

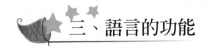

三、語言的功能

以比較綜合的觀點來說明幼兒語言的七大功能：

1.幼兒經由語言來表現其情緒、情感和願望（desires）：幼兒學會了語言之後，便能以嗯嗯等具有感情的聲音來代表自己內在的情緒，他們會以各種不同形式的語言來表示嫉妒、懼怕、寂寞、高興、得意等情緒狀態。

2.幼兒以語言遊戲來獲得快樂：例如一個嬰兒在他醒著的時候，會做發音的遊戲，他發現自己美妙而悅耳的聲音，而充分享受著種種快樂。

3.幼兒以語言作為社會化的手段：有時候，幼兒的語言只是在引起他人的注意，並用以控制別人的行為。

4.幼兒以語言使自己的想法獲得社會的認可或作為社會交換的準備：這是一種疑問的語言功能，幼兒經由發問可對其周圍各種新奇的事物一一加以接觸和探討，並滿足好奇心理。

5.幼兒經由語言做「有聲的思考與想像」：正如皮亞傑所謂的「獨語」，即是一種有聲的思考過程或想像過程，是幼兒思考想像的聲音化、表面化。

6. 幼兒以語言來促使事情的發生：通常幼兒以懇請、要求、命令或威脅等簡單的語言，來促成其所樂意看到事情的實現，如幼兒說：「媽媽，我再睡一次醒過來，你要帶我去麥當勞哦！」幼兒能藉這種形式的語言，促成某些事情，在最近的未來裡實現。

7. 幼兒以語言交換知識與觀念的方法：幼兒利用語言將自己的想法傳遞給父母、老師或同伴，利用語言的溝通，不斷學習新的知識與觀念。

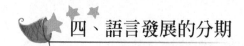

四、語言發展的分期

學習說話是一個長而複雜的過程。從嬰兒的第一聲哭叫到能說出完整的句子，是一步一步發展而來，而這發展是連續不可分割的過程；惟許多心理學家喜歡把語言發展分成各種不同的階段，分別去發現各階段的特徵，進而研究幼兒語言發展的一般趨向，其發展大約可分為以下五個階段：

(一)發音時期

大約從出生至一歲左右，可說是幼兒出生後發音的預備期，又稱「先聲時期」。自幼兒出生後的啼哭、微笑、「嗚嗚」、「呀呀」的發出聲音，和對成人或語言的瞭解，均屬此一時期。嬰兒的語言是從哭開始的，大約從三個月到一歲時為止。嬰兒偶然會咕咕發聲及牙牙學語，一再重複同樣的聲音（例如「答答答」）；模仿成人的語言一般在九個月時開始，但此階段他只模仿那些他已經自

動發出的聲音。而大約在十個月大時，對於簡單的命令會有反應。綜合來說，此時期嬰幼兒的語言發展特徵，是由無意義到有意義，由無目的到有目的，由生理需求的滿足到心理需求的滿足。

(二)單字句期

大約是幼兒一歲到一歲半的年齡，此時期的幼兒能發出「爸」、「媽」、「大」等音，而明顯可看出的是，這時幼兒所發出的多半是單音重疊；同時，有時以「聲音」的特徵來代稱物品，如「咚咚」代表鼓，「汪汪」代表狗，此期幼兒對「發音」的學習有很大的興趣。單字句期幼兒的語言發展有三個特徵：

1.以單字表示整句的意思。
2.以物的聲音做其名稱。
3.常發重疊的單音。

(三)多字句期

大約從一歲半至兩歲，此期幼兒開始將不同的兩個語詞組成一個句子，突破單字句的難關，逐漸進展至數字語句，如「媽媽，車車」，再進而為多字的語句。但開始時，兩個語句間常有間隔，其結構甚不緊密，譬如「媽媽──糖」便是一個例子。此外，幼兒也開始使用一些詞彙，如以詞類區分，最先出現的是名詞，如「花花，漂漂，開車車」，類似的語句，又可稱為「電報句」；此時幼兒說話不只是發音及模仿成人的聲音而已，並且也能學習它的意義了。幼兒在此一年齡口語詞彙學習得很快，語言也就在此期進步神速。綜言之，此期兩個發展特點為：

1.幼兒語句中以名詞最多，漸漸增加動詞，而後增加形容詞。

2.由於幼兒通常隨想隨說，句子常顛三倒四，不顧及語法。

(四)文法期

兩歲到兩歲半的幼兒屬於此一時期。在此一時期以前幼兒的思想組織不夠有條理，用的語言自然也是零亂的；進入此時期後，幼兒開始注意文法，可清晰、正確的說出一個完整的句子；約在兩歲半時，幼兒已常常使用「你、我、他」的人稱觀念，他開始意識到自我，漸漸發現他自己與自己以外的世界是相對立的，亦即幼兒發現到自己，並發現有客觀的存在。

(五)複句期

兩歲半到三歲半的幼兒語言發展屬複句期，此期幼兒多使用複句，雖然常在使用時會發生關係詞遺漏的現象，但會慢慢減少這種錯誤；三歲期間，幼兒的字彙以驚人的速率增加，長串的字組成句子，也能以正確的文法表達。幼兒此時使用的連接詞常有「以後」、「因為」、「所以」、「如果」、「要是」……等；其語言特徵有以下兩點：

1.複句：語言發展由簡單句到複合句，亦能講兩個平行的句子。

2.好問：此期幼兒由於因果的思想萌芽，對於一切不熟悉的事物，都喜歡問其所以然，「為什麼……」成了幼兒的口頭禪，故又稱「好問期」（questioningage），這個時候是決定幼兒將來語言發展良窳的關鍵時期，成人應有效的加以輔

導，以滿足其求知慾及語言發展。

(六)完成時期

四歲至六歲的幼兒，語言已可完整表達，此期幼兒已由好奇的發問與學習新語彙而逐漸演變至追求語句的內容和求知。幼兒語彙至此已多達一千七百個左右（鄭蕤，1990）。

另有學者以語音（phonemes）、語意（semantics）、語法（syntax）及語用（pragmatics）來說明語言的發展分期（Newcombe, 1996；林美秀，1993）：

(一)語音的發展

語音是指語言的聲音，幼兒在獲得語音的過程中，並非被動的模仿成人的聲音，而是主動的學習者。語音的發展在嬰兒時期大致已完成，在聲調方面，一般幼兒最先學會的是國語的一聲及四聲，隨後是區別二、三聲，約二歲半全部四聲都學會了（吳敏而，1993）。

(二)語意的發展

語意係指語言的意義，是幼兒正確使用語言和對語言理解的基礎（李丹，1991）。幼兒最初學會的字詞，多是具體的，且以名詞居多，動詞較晚出現。幼兒對於語意的學習仍受其認知能力發展的影響。

(三)語法的發展

　　語法指的是語言的結構，與句子中詞彙順序之安排、組織有關，藉由字詞組織成有意義的文法規則，因此語法與語意是交互影響的。幼兒經過了發聲準備階段之後，開始學習真正的語言，此階段約在幼兒一歲左右，由單字句進入雙字句、多字句後，則進入完整句與複雜句，後來可以敘述一件事或說故事，整個發展由簡而繁，由淺而深，且在語言發展的過程中，理解先於表達。

(四)語用的發展

　　語用的全稱為語言實用，是指在社會互動中，有效且適當的使用語言溝通的經驗及規則，亦即社會語言（黃惠如，2005）。因此，幼兒語用的發展，包括說者與聽者兩方面的技能。幼兒在兩歲左右已能表達不在身邊的事物，以及以前或以後會發生的事件，且能主動與他人有互動式的語言出現。到了三歲，幼兒大致能依照對方的話題提供訊息，但皮亞傑（Piaget, 1952）認為，兒童要到六、七歲才會由自我中心語言進入到社會化語言。

五、影響幼兒語言發展的因素

　　國內學者吳敏而認為人類先天具有特殊的語言學習能力，然而，不管在質或量上，每個幼兒都顯示極大的不同。是什麼因素造成幼兒語言發展上的差異呢？語言發展不可缺少語言環境最低限度的刺激，因為沒有接觸過語言的幼兒，學不到母語，反之，周遭有

豐富的語詞、語法和互動情形，似乎有促進發展的影響（吳敏而，
1993）；包美伶（1989）認為性別、排行及父母社經地位為影響因
素；鄭蕤（1990）亦認為影響因素為智慧、環境、性別及性格、心
理及學習等因素；王佩玲（1998）亦認為社會和環境在幼兒語文上
扮演重要角色。由以上的研究結果不難看出，生理、心理及環境因
素均對幼兒語言發展有所影響。經綜合整理影響幼兒語言發展的因
素有以下幾點：

(一)性別因素

性別為影響幼兒語言的先天因素，說明如下：

一般說來，女童比男童早說話，男童平均十五點七六個月開始
說話，女童則為十四點八八個月。女童較早使用句子，字彙的量亦
多於男童（盧素碧，1998）。

女童的語言品質優於男童，麥卡錫（McCarthy）的研究顯示，
女孩不管在開始說話時間、發音清晰度、語言使用技巧上的表現都
優於男孩（引自游淑芬、李德芬，2002），且各種構音和語言流暢
上的評量，女童較男童為佳（包美伶，1989）。但由於現代社會的
文化刺激愈來愈多，鼓勵幼兒表達的機會也增加，因此，語言發展
的性別差異在幼兒期較明顯，進入學齡階段後差異會愈來愈不明
顯。

女童語言障礙的比率比男童低，林寶貴（1984）研究幼兒
語言障礙之出現率時指出：四、五、六歲男童語言障礙率分別為
7.47%、4.72%、4.31%，而女童分別為4.96%、3.22%、2.83%，由
此可知女童語言障礙率較男童低。

(二)排行因素

在排行因素中，白瑞練（Breland, 1973）研究發現，子女中的頭胎在語言能力上較後胎爲高。赫洛克（Hurlock, 1978）亦認爲獨生子女或多胞子女的老大所得語言刺激較多，且有較多學習語言的機會，所以語言能力較佳。由赫洛克的說明，我們體驗到排行序所造成的語言能力差異，其眞正的主因在於幼兒學習語言的機會，亦即環境的影響。

(三)年齡因素

隨著年齡的增長，幼兒語言的發展將出現以下特徵：

1. 幼兒的字彙、語彙隨年齡而增加：根據日本文部省（相當於我國的教育部）所公布的五歲前幼兒的語言發展鑑定標準指出，一歲的幼兒有一至二個語彙數，一歲半有十至二十個語彙，兩歲有五十至二百五十個語彙，兩歲半有四百至五百個語彙，三歲時增加到五百至一千個語彙（引自林寶貴，1984）。瑞艾森生（Erisenson, 1985）亦認爲語彙數隨年齡的成長而呈現一個向上延伸的正比曲線。

2. 幼兒使用語句的長度隨年齡而增加：楊國樞、楊有唯、蕭育汾（1984）多位學者的研究發現，年齡愈大的幼兒說得較多，語言變化較大，句子較長，且每句中之名詞、動詞、副詞、形容詞、介詞、連接詞較多。

3. 語句的完整和複雜的程度隨年齡而成長：三歲至五歲的幼兒語言有複合句與複句的產生，到五歲即有複雜結構的句子，句型也有各種變化，句子長度亦顯著增加（Owen, Fromen, &

Moscow, 1981）。

4.隨年齡的增加，自我中心語言漸少，而社會化語言漸多：根
據阿克夏和巴羅尼（Axia & Baroni, 1985）的研究指出，幼
兒大約在六歲時能瞭解與產生禮節性的詞彙，六歲以後能做
禮貌性的請求，到了九歲才完全精熟禮節性的詞彙；五歲以
前幾乎難以使用禮貌性的用語。由此可知，社會化語言會隨
著年齡的增長而發展。

(四)智力因素

幼兒的語言發展，深受智力發展的影響，通常以幼兒開始說話
的年齡來代表幼兒往後的語言發展，智慧高的孩子在出生後十一個
月就能開始說話，智慧差的約需三十四個月，低能幼兒則需五十一
個月（鄭蕤，1990）。當然，我們不能以說話慢的其智慧發展較
差，或以語言來推斷幼兒的智慧，如此均極易產生錯誤，惟不難發
現智力高的幼兒有以下三點特徵（黃志成、王麗美，1994）：

1.智力高的幼兒開始學說話的時間較早，反之則較晚。
2.智力高的幼兒使用語句較長，反之則較短。
3.智力高的兒童，在語言使用的品質較好，反之則較差。

此外，黃志成、王麗美、高嘉慧（2008）在《特殊教育》一書
中也提及，資賦優異的兒童，開始學說話的時間較早，語言能力發
展也較好，語言障礙率與一般同齡兒童比較，發現有較低的現象；
至於智能障礙兒童，則較常有語言發展障礙，其問題至少包括兩
方面：1.起步較晚，例如到了兩歲還不會叫爸爸媽媽，不會說單字
句；2.語言障礙，例如構音異常、語暢異常。

(五)家庭因素

　　莫里森（Morrison, 1984）研究發現，早期教育中父母和家庭是最大資源，父母的參與能改善幼兒的成就。因此學者們紛紛就家庭中的各項變數對幼兒語言發展的影響加以研究，有的從社經地位（Erisenson, 1985）、父母教育程度（鄭蕤，1990）、社會互動（游淑芬、李德芳，2002）加以研究，亦有從友伴多寡進行研究，其研究結論如下：

1. 家庭社經地位較高者，語言發展較好，反之則較差。根據有布魯克斯岡恩和鄧肯（Brooks-Gunn & Duncan, 1997）的研究發現，家庭貧窮會影響兒童的語言發展。艾瑞森生（Erisenson, 1985）認為低社經階級者所使用的語言，多屬情緒性的表達，在字彙和語法結構上並不豐富。反之，中高社經階級的人，能表達更詳細與更抽象的語言；由以上研究結果顯示，中高社經地位幼兒的語言表現皆較低社經地位幼兒好。

2. 父母教育程度高者，語言發展較好，反之則較差。鐘玉梅和徐道昌（1983）以一百八十八名三至六歲體能與智力發展均正常的台北市幼稚園兒童，進行「學齡前兒童語言發展相關因素」的研究，發現父母的教育程度對子女的語言能力有重大的影響，教育程度愈高者，子女語言能力愈佳，反之則較差。

3. 親子互動較頻繁者，語言發展較好，反之則較差。父母或主要照顧者是幼兒早期的模仿對象，嬰幼兒在牙語期如果能得到適當的回應與增強，將使語言能力快速進展，尤其家庭中適當的親子之間語言交流對幼兒語言能力的影響十分重

要。相關研究便指出：十五至二十一個月大的幼兒，雙生子的語言發展比非雙生子慢，理由是因為母親的時間被分割了，交談時間變短，受到的關注亦較少（游淑芬、李德芳，2002）。因此，雙親應主動與幼兒交談，且提供各種閱讀書報，刺激幼兒的語文認知，並鼓勵幼兒多從事語言活動，將有助於幼兒語言發展。

4.兄姐及年長之友伴愈多者，學習語言的機會愈多，故語言的發展較好；反之，日常生活中，弟妹及年齡較小之友伴較多時，缺乏學習語言的機會，故語言發展較差，甚至有退化性語言出現（黃志成、王麗美，1994）。

王靜珠（2005）亦表示，家庭背景良好、自幼獲得良好的照顧、且生長在兄弟姐妹眾多的家庭中，幼兒語言發展在語型、字彙方面，均比缺乏親切照顧環境的幼兒良好，如育幼院（兒童之家）的幼兒，或外籍新娘家庭之子女，最顯著的發展便是語言表達能力落後。

★ 六、幼兒語言內容的發展

隨著年齡的增長，幼兒語言內容亦逐漸發展，以下分三部分說明其發展情形：

(一)語彙的增加

幼兒隨年齡的增加，生活經驗的擴大，語彙也不斷增加。在一歲以前嬰幼兒還難以說出第一個字詞，在一歲半左右只能說出少量

的詞，但在兩歲至兩歲以後語彙量急遽增加，約在兩歲至四歲是幼兒語彙增加最快的時期。

(二)詞類的分化

隨著年齡的增加，幼兒的詞類也不停的分化。開始學習說話的幼兒，以名詞出現最多。由於學習的結果慢慢分化出更多的動詞、代名詞、形容詞、副詞等。

(三)語句的加長

幼兒的語言，由最初的單字句進而雙字句、多字句，最後進入複句期，均顯示語句的加長。

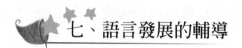

七、語言發展的輔導

洪靜安（1984）在《兒童發展與輔導》一書中，將輔導幼兒語言的發展分為：

1. 「一字句」時期的輔導：成人要有耐心去揣度幼兒的語言，並給予鼓勵。
2. 「好問期」的輔導：成人須耐心的回答幼兒接連不斷的詢問，若因事務繁忙，千萬不可表示厭煩或禁止幼兒發問，而應另給時間再談。
3. 「口吃」的輔導：因口吃多為心理上的因素造成，應特別加以輔導，避免不友善的態度對待幼兒，並應實施專門治療。

4.說話與聽話的輔導：多予幼兒聽話和練習說話的機會，並鼓勵幼兒自動發表。

5.閱讀興趣的培養：為幼兒尋找適合其年齡和程度的優良讀物，閱讀後，與幼兒討論。

以下筆者謹提出七點一般性的輔導方法，說明如下：

1.注意發音器官的保護：舉凡與發音有關的器官（如聽覺、牙齒咬合、喉嚨、舌頭、聲帶等）均應善加保護，以利發音。

2.提供良好的學習機會：從社會學習論的觀點，自嬰幼兒期，即應提供語言上的刺激，並掌握學習語言的關鍵期，父母應給予良好的示範。

3.慎選玩伴：從行為論的觀點，為幼兒選擇玩伴，一方面使其有更多學習語言的機會，二方面避免使其學習到不正確或不文雅的語句。

4.給幼兒充分說話的機會：採民主的方式教育幼兒，讓幼兒常有發表意見的機會，如此有利語言的發展。

5.養成幼兒良好的語言習慣：讓幼兒常說「請」、「對不起」、「謝謝」等禮貌用語，並使幼兒注意別人說話時不插嘴、不高聲喧嘩。

6.提供輔助語言教材：運用適合幼兒學習的教材，對幼兒語言學習助益較大，如提供錄音帶、優良電視節目、CD、DVD、VCD、語言學習機、讀物等，能使幼兒學到更多的語句及正確的發音。

7.隨時糾正：聽到幼兒有不正確的發音或不文雅的語句時，應隨時糾正。對於少數語言障礙的幼兒，如口吃、構音異常（articulation disorder）等，應隨時予以糾正，必要時，得請語言治療師即早予以矯正。

關鍵詞彙

語言	多字句期
自我中心語言	複句期
反覆語	好問期
獨語	語音
集體的獨語	語法
社會性語言	語意
單字句期	語用

 自我評量

1.說明幼兒語言發展的特徵。

2.何謂自我中心語言？自我中心語言的特徵為何？

3.何謂社會性語言？社會性語言的特徵為何？

4.幼兒語言的功能為何？

5.幼兒語言發展可分為哪五個階段？

6.單字句期幼兒的語言發展有哪些特徵？

7.影響幼兒語言發展的因素為何？

8.試說明幼兒語言內容的發展情形。

9.試說明應如何輔導幼兒的語言發展。

10.「雞同鴨講」的經驗人人有，再回味一次吧！找個三歲大的
    孩子，任選個主題和他聊一聊，並將這有趣的經驗和同學分
    享。

參考資料

王佩玲（1998）。《幼兒發展評量與輔導》。台北：心理。

王靜珠（2005）。淺談幼兒語言行為發展。文化台灣網。2005年4月11日，取自：http://taiwandaily.com.tw/kids/index_4.htm

包美伶（1989）。《學前兒童語言表達能力與有關因素之研究》。台灣教育學院特教研究所碩士論文。

吳敏而（1993），蘇建文等著。〈語言的發展〉，《發展心理學》。台北：心理。

李丹（1991）。《兒童發展》。台北：五南。

沈姿蓉（2006）。《遊戲融入英語字母教學之探究》。台北教育大學兒童英語教育學系碩士論文。

林美秀（1993）。《學前兒童語言發展能力及其相關因素之研究》。台灣師範大學特教所碩士論文。

林寶貴（1984）。〈我國四歲至十五歲兒童語言障礙出現率調查研究〉，《國立台灣教育學院學報》，9，132。

洪靜安（1984）。《兒童發展與輔導》。台北：國立編譯館主編，正中書局印行。

張春興（2000）。《心理學》。台北：東華書局。

陳淑琴（2000）。《幼兒語文教材教法》。台北：光佑文化。

游淑芬、李德芳（2002）。《嬰幼兒發展與保育》。台北：啟英文化。

黃志成、王麗美（1994）。《兒童發展與輔導》。台北：頂淵文化。

黃志成、王麗美、高嘉慧（2008）。《特殊教育》。台北：揚智文化。

黃惠如（2005），郭靜晃等著。〈語言發展〉，《兒童發展與保育》。台北：空中大學。

楊國樞、楊有唯、蕭育汾（1984），楊國樞、張春興編著。〈學前與國小兒童口頭語言之發展及其相關因素〉，《中國兒童行為的發展》。台北：環宇。

鄭蕤（1990）。《幼兒語文教學研究》。台北：五南。

盧素碧（1998）。《嬰幼兒保育》。台北：文景書局。

鐘玉梅、徐道昌（1983）。〈學齡前兒童語言發展相關因素之研究〉，《中華醫誌》，31（4），273-279。

Axia, G. & Baroni, M. R. (1985). Linguistic politeness at different age levels. *Child Development, 56,* 918-927.

Breland, H. M. (1973). Birth order effects: A reply to schooler. *Psychological Bulletin, 80* (3), 210-212.

Brooks-Gunn, J. & Duncan, G. (1997). The effects of poverty on children. *The Future of Children and Poverty, 7* (2), 73-87.

Erisenson, J. (1985). *Communicative Disorders in Children* (5th ed.). New York: MacMillan.

Hurlock, E. B. (1978). *Child Development* (6th ed.). New York: McGraw-Hill.

Morrison, G. S. (1984). *Early Childhood Education Today* (3rd ed.). Ohio: Bell & Howell.

Newcombe, N. (1996). *Child Development: Change Over Time*. New York: Harper Collins.

Owen, S. V., Fromen, R. D., & Moscow, H. (1981). *Education Psychology*. Boston, MA: Little, Brown and Company.

Piaget, J. (1952). *The Child's Conception of Number*. London: Routledge & Kegan Paul.

Chapter *9*

繪畫能力的發展

摘要

　　「幼兒畫」是指發自幼兒本身純真而率直的思考、感情以及感覺、直覺等經驗所創造出的繪畫，在教育上具有極大的價值，除了足以奠定未來寫字的基礎外，尚包括：能滿足幼兒本能的需求、想像力、能培養敏銳的觀察力、創造力、鑑賞力，並可培養興趣及進行心理狀態之診斷等。

　　兒童繪畫之發展，可依年齡劃分為塗鴉期（一、二歲）、象徵期（二至三歲）、前圖式期（三、四歲）、圖式期（四至八歲）、寫實前期（八至十四歲）及寫實期（十四歲以後）六個時期。其中，塗鴉期又可細分為：未分化的塗鴉、直線塗鴉、圓形塗鴉及命名塗鴉四個階段；象徵期裡畫出的人稱為蝌蚪人，已是有意念的塗鴉期；前圖式期幼兒的圖畫以人物題材居多，且其畫作即使不經解釋，已略可明白其所畫的形象了；圖式期的繪圖表現具有以下特徵：透明式的表現、展開式的表現、基底線的表現、並列式的表現、強調式的表現、報仇式的表現、擬人畫的表現及裝飾性的表現。八歲以後的兒童進入寫實前期，繪畫技巧大有增進，已能逐漸描繪得與實物相接近了。

　　幼兒繪畫具有以下特徵：1.圖式的繪畫；2.常遺漏或增添視覺資料；3.遠近大小比例不符實況、無「數」的觀念；4.不合邏輯；5.愛用符號及慣用概念形象；6.愛做裝飾紋理；7.想像豐富的世界；8.主觀及概念的色彩選擇。

　　輔導幼兒繪畫應把握以下的原則：1.每天應有三十分鐘至一個鐘頭的時間，使幼兒進行真正的藝術探索；2.應讓幼兒主動表現其創造力，輔導者只做最低限度的介入；3.幼兒完成之藝術作品應予以陳列，表示欣賞，給予幼兒鼓勵；4.提供多樣性的材料。

一、幼兒畫的定義

　　廣義的語言除一般的說話外，尚包括手勢（語）、表情、書寫與繪畫等。繪畫甚至比語言更爲直接，人們常說繪畫是國際語言，因爲它具有超越時空的溝通能力；這個國家的人如果不懂另一國的語言符號，他和另一國人之間的溝通將發生困難，然而，無論是原始人的壁畫、西洋繪畫、中國繪畫……在欣賞之際，心靈間自自然然的產生了共鳴，沒有時間或空間的界限存在。繪畫，指人類使用媒介材料，產生藝術成品的行爲，繪畫發展則是指此一能力成長的過程。而幼兒繪畫，是幼兒心靈的表現，又是幼兒的另一種語言，如果我們站在幼兒的立場去欣賞它，我們常會發現幼兒所表現驚人的創造力。而且，也可以從幼兒畫中發現幼兒用筆在表達其心靈的活動，畫出心中的概念，畫出所想、所記憶的東西，亦即其思想與情感的表達。

　　簡言之，「幼兒畫」係指發自幼兒本身純眞而率直的思考、感情以及感覺、直覺等經驗所創造出的繪畫。例如：自由畫中的想像畫、記憶畫、幻想畫、故事畫以及寫生畫和抽象的造形等繪畫屬之。大體說來，幼兒畫的創造經驗，是隨個體的性格和心理、生理的區別而有所差異，在其繪畫的興趣方面，則隨著成長與經驗的擴展而有所改變。

二、繪畫的教育價值

　　潘元石（1996）在其所著《怎樣指導兒童畫》一書中提出，

幼兒美術的教育價值，在於培養幼兒的「創造能力」與「美的情操」，「創造能力」是指兒童為了表現其內心所懷的某種心象，透過自己獨特的思考方法與形式，將此心象明白的表達出來，「美的情操」是指深蘊在兒童心中的情感。讓兒童單純地感受並領悟一切美與生命的心境；陳輝東（1998）認為「美術教育」的目標，在於培養兒童的創作精神，且與兒童的人格形成及生活息息相關；劉振源（2003）認為兒童美術教育的終極目標，就是要使兒童能達到個性的抒發與創造的自由表現；胡寶林（1987）則將幼兒美術教育的價值細分為以下幾類：

1.促進手指的靈活。
2.學習瞭解外在世界。
3.開放自由的意志，滿足想像的慾望。
4.促成人格發展的自信力。
5.促進社會群體的個人同化力。
6.擴大表現的語言，充實有創造性的生活。
7.美感的培養及人生價值的發現。
8.刺激幼兒智力的發展。

根據上述學者及筆者之看法，提出以下八大價值：

1.滿足本能的需求：幼兒喜歡塗塗畫畫，提供紙和筆給幼兒畫畫，可以滿足其需求。
2.滿足想像力：幼兒的想像力很豐富，可以藉由繪畫表達出來，如此可滿足其想像力。
3.培養敏銳的觀察力：幼兒本性好奇，他們喜歡觀察自然界的各種事物，然後表現於繪畫中，如此可以培養敏銳的觀察力。

4.培養創造力：幼兒常想到什麼就畫什麼，因此，繪畫活動可以培養其創造力。

5.培養鑑賞力：幼兒在繪畫之後，常會自我欣賞一番，同時亦喜歡欣賞他人作品，並觀察其他風景照片、人物畫等，均可培養鑑賞力。

6.培養幼兒繪畫的興趣：幼兒的可塑性大，給予繪畫的機會，並有效的鼓勵與指導，可以培養其繪畫的興趣。

7.繪畫是寫字的基礎：幼兒骨骼發育尚未成熟、手眼協調能力不佳、方向感不好，還不適合寫字，但可以拿較大支的蠟筆，奠定將來兒童期寫字的基礎。

8.診斷心理狀態：幼兒將心理所感表現於繪畫上，因此，吾人可從幼兒畫中診斷出其心理特質。此為精神分析論的主張，認為幼兒畫是幼兒潛意識的表現。

解析：本圖係一位五歲幼兒所繪，為「耶誕節」，家人有爸爸、媽媽和小妹妹，此三人所占的篇幅位居畫紙的主要部分，畫此畫的幼兒位居圖畫不顯眼的左下角，可能代表不受父母重視，被冷落的小孩。

圖9-1　被冷落的小孩

三、幼兒繪畫之發展階段

　　各國幼兒的繪畫形式，發展階段大致相同，只有題材各具地方特性的差異。一般而言，可依年齡劃分為塗鴉期、象徵期、前圖式期、圖式期、寫實前期及寫實期共六期，惟最近幾年來，幼兒因身心急速發展，繪畫的成長順序也跟著提升，各階段的潛在期間都縮短了（潘元石，1996；蘇振明、呂燕卿、簡志雄、陳明華，1998）；此外，幼兒繪畫的發展階段仍應視幼兒的教育環境而有差別，藝術資源豐富的環境中發展得快，貧乏的環境中則發展得慢。根據我國國立台灣藝術教育館所編印之《藝術教育教師手冊》（蘇振明等，1998），幼兒繪畫的發展乃歷經幾個時期：

(一)塗鴉期

　　嬰兒出生後，從一歲至兩歲之間，只要手裡拿著蠟筆或鉛筆，就會在紙上或地板上畫起線條來。因為這個時期所畫的是沒有意思的內容，所以稱為「塗鴉期」。這種塗鴉僅可視為嬰幼兒純以運動感覺活動為興趣中心，是無意識中所產生手臂反覆運動的結果，屬於沒有意義的圖畫。

　　這種以線條為主的塗鴉期，又稱為「錯畫期」，雖然只是無意義的塗鴉，卻可細分為好幾個階段（趙雲，1997）：

1.未分化的塗鴉：由於動作的不協調，畫在紙上的是一些凌亂的線條，有時會不小心把線條畫到紙外。

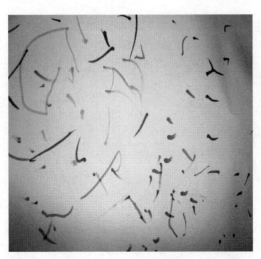

解析：嬰幼兒拿筆點出不規則的、凌亂的圖形，看不出有什麼意義，純屬手部的動
作，手眼協調能力的萌芽。

圖9-2　未分化的塗鴉

2.直線塗鴉或橫線塗鴉：此時動作已較能控制，手、眼之間
也逐漸協調，幼兒可在紙上畫出上下或左右的直線。

解析：幼兒拿筆在畫紙上畫出直線條、橫線條，還有類似圓線條。

圖9-3　縱線塗鴉、橫線塗鴉、圓形塗鴉

3.圓形塗鴉：在紙上重複地畫圓圈。

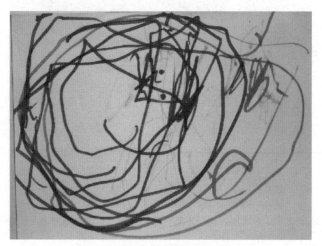

解析：大部分的線條都圍繞著圓圈畫。

圖9-4　圓形塗鴉

4.命名塗鴉：此階段為塗鴉後期，因幼兒語言快速萌發，常指
著自己在紙上的傑作告訴別人他畫的是什麼，這種用正在萌
發的語言解說自己的塗鴉線條，又稱之為「命名塗鴉期」
（蘇振明等，1998），亦即，幼兒雖然仍未能畫出具體的形
象，但已有很明顯的意圖想表達些什麼，幼兒常一面畫，一
面喃喃自語，說明他想像的東西，有時也會為這幅作品命
名。

(二)象徵期

塗鴉末期，亦即兩歲前後，幼兒已開始如上述說明會為其所畫
的形體命名，此時，幼兒已表現出希望藉繪畫與別人溝通的意味。

此期幼兒約自二至三歲,其想像力逐漸發達,對紙和筆的性能、視覺和動作的控制,都有了相當的認識與能力,於是開始意圖畫出一些形象,但此期幼兒仍是畫其所「知」、所「感」和所「想」,而不是畫其所「見」。根據趙雲(1997)的觀察,不論是正常或智能不足的幼兒,在命名塗鴉之後,最先畫出的有形狀東西,就是「人」,且通常所畫的人非常有趣,一個歪歪斜斜的圖形代表頭,兩隻大眼睛,那些人通常沒有鼻子也沒有嘴巴,耳朵更不必要了。長長的直線代表手和腳,直接連在頭上,樣子有點像池塘裡的蝌蚪,因此有人稱這種人為「蝌蚪人」。

解析:典型的蝌蚪人畫法是一個頭,再加上兩條腿,至於其他的線條則有個別差異。

圖9-5　蝌蚪人的畫法

　　由於語言的學習,此期的幼兒已知道用語言的符號幫助思想及表達意念。這時所做的繪畫活動是「有意念的塗鴉」,雖然無法把握形象,但卻想表現什麼,愛對自己的塗鴉命名,或先命名而後塗鴉,畫一些大小圓圈,或模仿父母的文字書寫動作,懂得以一個單獨的線條來命名一種東西,所以象徵期是幼兒有意念的塗鴉期。

(三)前圖式期

　　約從三歲至四歲。此期幼兒對他生活環境裡所接觸到的人物、玩具、樹木、動物、房屋等，漸漸地認識與瞭解，因此對這類事物，已漸漸畫出其形體的形象與特徵，只是表現得還不是很確實。所謂前圖式期，係指無論是畫人物、玩具或動物，都以一定的圖式加以表現；有時只畫某一部分或做一些記號，以表現該形體的全部。由於形象模糊，常被認為仍停滯於象徵期的階段，而其中的差別在於象徵期的圖畫，若不經解釋，無法瞭解所畫為何，但在前圖式期的圖畫，已略可明白其所畫的形象了。

　　這時期的圖畫以人物的題材居多，尤其是畫自己的分量最多，其次是母親、父親、幼教老師。凡在日常生活中與自己較多接觸的，都容易成為其繪畫的題材。

解析：幼兒所畫的人物中，頭、頸、手、身軀、腳都差不多，亦即以一定的圖示表
　　　現出。

圖9-6　前圖式期畫法

(四)圖式期

　　幼兒從四歲到八歲的階段，被稱爲是圖式期，也就是所謂開始畫像樣的圖畫的時期；此期幼兒不但所畫的圖案與實體相仿，而且也已具有一定的畫法。惟此期雖可描畫出一些像實物的東西，但卻並非依照實在的物體形狀、量及關係而加以實際寫生，都是憑其記憶而描畫。

解析：幼兒畫已漸能畫出眞正的圖形，也就是愈來愈像實物了。

圖9-7　圖式期畫法

　　胡寶林（1987）則認爲，四到八歲的圖式期的幼兒畫是最可愛與天眞浪漫的，幼兒嘗試以圖畫表現心象，發洩感情，流露願望，成爲幼兒畫特有的視覺語言，這是最受成人欣賞的階段。

　　圖式期的繪圖表現，有以下幾種特徵（潘元石，1996）：

1.透明式的表現：從外面無法看到的東西，也會從觀念上加以描畫，例如，畫人物時，口袋裡的錢幣、手帕、衛生紙等會全畫出來。

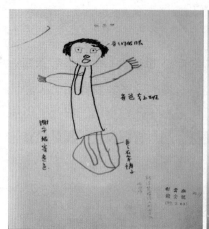

解析：爸爸穿褲子，褲子穿上後兩條腿　解析：媽媽懷孕了，可以看到肚子裡面的
　　　還看得見。　　　　　　　　　　　　胎兒。

圖9-8　透明式的表現

2.展開式的表現：像一幅展開的畫一般，通常表現在畫家裡人
　一同用餐的情形，這時的四個桌腳和用餐的家人，均向四周
　展開，宛如從空中鳥瞰似的。

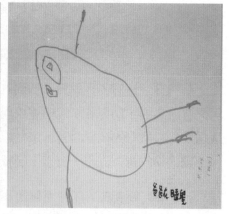

解析：兩幅人物畫均呈現四腳朝天的模樣，等於把身體完全展開。

圖9-9　展開式的表現

3.基底線的表現：基底線係指描畫區分天、地的分界線，通常
　此時幼兒會先繪出基底線，表示土地（地平線）的線。所有
　人、花、木都畫在基底線上（王玉梁譯，1996）。

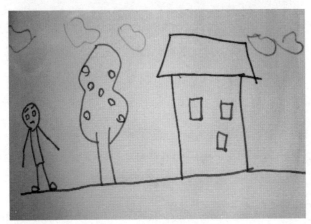

解析：幼兒在畫紙上把人、樹木、房子排在一線上，此線即為地平線。

圖9-10　基底線的表現

4.並列式的表現：在土地的基底線上，把人、花、木等全都
　排列的描繪出來。如**圖9-10**幼兒習慣於把想畫的東西排成一
　列。

5.強調式的表現：例如，畫媽媽用手拍哭泣中的弟弟時，幼兒
　怕媽媽的手拍不到弟弟，而將那隻手臂畫得伸得很長，直到
　碰到弟弟為止

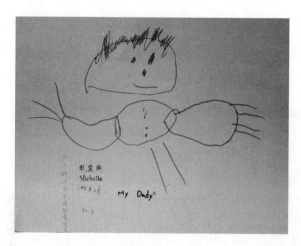

解析：幼兒畫出爸爸的形象，把手臂畫得特別大，好像在強調爸爸的手很有力氣。

圖9-11 強調式的表現

6.報仇式的表現：幼兒常在圖畫中改畫別人以達到報仇的願望，如幼兒故意把他討厭的人的頭髮、臉孔畫得一團糟。

解析：畫題為魔鬼呂凡，呂凡是畫者的同班同學，畫者很討厭他，故意把他畫得很醜。

圖9-12 報仇式的表現

7.擬人化的表現：幼兒對其本身以外的動物，常以自我中心意
　識的眼光去觀看，去推想，如畫魚時，以擬人畫的方式，爲
　魚畫上頭髮、眼鏡……等等。

解析：幼兒在畫花的時候，特別爲花畫　　解析：幼兒在畫水果的時候，特別爲水
　　　上眉毛、眼睛、鼻子和嘴巴，把　　　　　果畫上眼睛、嘴巴、手和腳，把
　　　花比擬成人。　　　　　　　　　　　　　水果比擬成人。

圖9-13　擬人化的表現

8.裝飾性的表現：係透過繪畫來作爲滿足自己的裝飾慾望的表
　現法，此種特性以女孩子居多，如在自畫像上，畫了鮮紅的
　蝴蝶結、亮晶晶的耳環、項鍊等。

圖9-14　裝飾性的表現

(五)寫實前期

約從八歲到十四歲。此時對空間的關係或物體的形狀、色調等，逐漸地描繪得與實物相接近了。

(六)寫實期

約從十四歲以後，兒童已有廣泛的知識，繪畫技巧也有增進，此時大致已能對實物忠實地加以描繪。

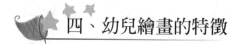 四、幼兒繪畫的特徵

一般來說幼兒繪畫具有以下特徵（胡寶林，1987）：

1. 圖式的繪畫：幼兒的繪畫，都以固定的形式表現出，如臉是圓的，手腳用線條表示；十字形、對稱形、封閉的圓、封

閉的不規則三角形，常在無意中成為幼兒圖畫的元素（如圖9-6）。

2.常遺漏或增添視覺資料：幼兒畫中常有主觀、不合理的現象，如畫人時，常忘了耳朵，畫樹葉不畫枝；有時又畫看不見的東西，如畫花和花盆會把根畫出來，像透明的一樣（如圖9-8）。

3.遠近大小比例不符實況：幼兒在畫中，並沒有比例的概念，例如，在人物畫中，頭特別大，身體則比較小，兩者不成比例；畫人常常比房子大比樹高（如圖9-1、9-10）。

4.無「數」的觀念：如五、六歲的幼兒畫手指往往畫一大堆星星放射狀的東西，畫房子的窗戶會畫出許多個，仍缺乏正確「數」的觀念（如圖9-11）。

5.不合邏輯：幼兒愛畫「躺」下來的樹木，過馬路的人也是像睡在地上一樣，汽車是四腳朝天，此乃幼兒畫的一大特色（如圖9-1）。

6.愛用符號及慣用概念形象：幼兒常用某些符號來象徵某些東西，如畫一條水平線來劃分天地，畫個「倒三字形」代表天上的飛鳥，這種概念形象來自於模仿，加以使用後覺得方便，就時常愛用（如圖9-10）。

7.愛作裝飾圖形：幼兒作畫時，尤愛裝飾畫面，用一些小圓圈、小點、波浪狀將畫面裝飾得五色繽紛。

8.想像豐富的世界：幼兒的視覺經驗及知識雖較成人少，但其豐富的想像力，卻是成人無可及的，使得幼兒幾乎沒有什麼題目不能畫，而成人則常久久不能下筆（如圖9-14）。

9.主觀及概念的色彩選擇：幼兒常依其主觀選用色彩，卻也常受到概念的習慣來用色，如用綠色來畫樹、畫山，用藍色畫

水畫天等。

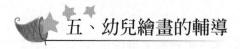
五、幼兒繪畫的輔導

　　繪畫提供了幼兒探索操作器材（如畫筆、顏料等），並表現他們對世界的感想和理想的機會，輔導幼兒繪畫的基本目的便是促進藝術及創造力的發展（王偉光，1993）。輔導幼兒的策略如下幾點：

1. 每天應有一段時間使幼兒進行真正的藝術探索，一般而言，大約應有二十至三十分鐘的時間，如欣賞圖畫或畫畫。
2. 輔導者最好只做最低限度的介入，特別是在幼兒開始進入藝術探索時，切記應讓幼兒主動表現其創造力。有些幼教老師或父母做出圖樣讓幼兒照樣模仿，或是塗色圖畫本，均會抹殺幼兒繪畫的創造力，因此絕不可在學前教育中使用此類方式。
3. 幼兒完成之藝術作品應在家中或課室中細心、醒目的陳列出來，以向幼兒表示你的欣賞，將給予幼兒莫大的鼓舞。
4. 提供多樣性的材料，如蠟筆、粉蠟筆、水彩筆或各式畫紙。

關鍵詞彙

幼兒畫	前圖式期
塗鴉期	圖式期
錯畫期	擬人畫
命名塗鴉	寫實前期
象徵期	寫實期

 自我評量

1. 何謂幼兒畫？繪畫的教育價值為何？

2. 試說明幼兒繪畫之發展階段。

3. 塗鴉期又可劃分為哪四個階段？

4. 幼兒在圖式期的繪圖表現上有哪些特徵？

5. 幼兒繪畫的特徵為何？

6. 如何輔導幼兒繪畫的發展？

7. 蒐集一幅幼兒的繪畫作品，並與其討論畫作的內容。每位同學將所蒐集的畫作帶到班上開個畫展，並玩個小遊戲，讓其他同學猜猜看，每一幅畫作的意義，再由蒐集者來解答畫作真正的意義。

參考資料

王玉梁譯（1996），Wokgung Grozincger 著。《兒童塗鴉‧線畫‧彩畫》。
　　台北：世界文物。

王偉光（1993）。《如何引導兒童欣賞美的世界》。台北：培根文化。

胡寶林（1987）。《繪畫與視覺想像力》。台北：遠流。

陳輝東（1998）。《兒童畫的認識與指導》。台北：藝術家叢刊。

趙雲（1997）。《兒童繪畫與心智發展》。台北：藝術家叢刊。

潘元石（1996）。《怎樣指導兒童畫》。台北：藝術家叢刊。

蘇振明（1998）。《啟發孩子的繪畫潛能》。台北：聯明。

蘇振明、呂燕卿、簡志雄、陳明華（1998）。《藝術教育教師手冊——國
　　小美術篇》。台北：國立台灣藝術教育館。

劉振源（2003）。《兒童畫教材教法》。台北：藝術家叢刊。

Chapter 10

遊戲發展

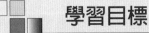

學習目標

1. 瞭解幼兒遊戲的意義與特徵

2. 瞭解幼兒遊戲的價值及功能

3. 瞭解幼兒遊戲的特質

4. 瞭解幼兒遊戲的分期（發展）

5. 瞭解幼兒遊戲的類型

6. 瞭解影響幼兒遊戲的發展因素

7. 瞭解輔導幼兒遊戲的原則

8. 瞭解玩具在幼兒教育上的價值

9. 瞭解為幼兒選擇玩具的原則

　　凡是一切能促進幼兒身心發展的活動，均可稱為幼兒遊戲，幼兒遊戲具有自發性、自由性、娛樂性、想像性及創造性五個特徵。幼兒可透過遊戲學習並達到以下的教育價值及功能：1.增進身心的健康；2.助長社會化的學習；3.培養語言表達及人際溝通的能力；4.提升智力的發展；5.訓練感官能力的協調發展；6.啟發創造力；7.具有心理治療的功能。

　　幼兒遊戲具有五項特質：1.幼兒遊戲具有可預測的發展模式；2.隨年齡的增長，遊戲方式有所不同；3.幼兒遊戲有其個別差異；4.幼兒遊戲多是重複的；5.遊戲受文化影響。

　　皮亞傑將遊戲分為練習的遊戲、象徵的遊戲及有規則的遊戲，藉以判斷幼兒的認知發展。一般而言，幼兒的遊戲可分為以下五個時期：單獨遊戲（二歲以前）、平行遊戲（二至三歲）、聯合遊戲（四至五歲）、團體遊戲（五至六歲）及合作遊戲（七至八歲）。

　　影響幼兒遊戲的發展因素包括個體因素及環境因素兩大類，個體因素又可分為：身體的健康狀況、動作的發展、性別、智力，環境因素包括家庭社經地位、生活環境、玩具或教具等。父母與教師在輔導幼兒遊戲時應有的態度如下：1.對幼兒遊戲的悅納與尊重；2.給幼兒一個安全而接納的遊戲環境；3.認識幼兒遊戲發展過程；4.輔導幼兒遊戲行為的原則；5.鼓勵幼兒多與同伴遊戲；6.提供各種遊戲與設備；7.參與幼兒的遊戲；8.儘量採用無結構性的幼兒玩具。

　　舉凡運動器材、樂器、空罐、洋娃娃、木塊等，皆為玩具。玩具在幼兒教育上具有如下的價值：1.可鍛鍊幼兒的各種感覺；2.可以培養幼兒的好奇心；3.可以培養記憶力；4.可以培養想像力；5.可以培養美感；6.可以培養注意力。

　　父母或輔導者在選擇玩具時，應考慮不同階段之需要，亦須注意以下原則：1.配合身心發展；2.要經久耐用；3.安全；4.應注意色彩與聲音；5.應配合現實生活；6.應選擇經濟實用的；7.顧及個別差異。

　　幼兒的世界是個遊戲的世界。遊戲對成人而言是一種消遣、娛樂或逃避例行事務的方法，而對幼兒來說卻是一種工作，一種學習，也是他生活的全部（段慧瑩、黃馨慧譯，2000）。幼兒在沒有壓力、沒有目的的情況下遊戲，是為了貯滿未來的生存能力。這些在大人眼中看來，似乎零碎、不完整，而且毫無意義的活動，卻是他們長大以後面對不同情境時產生機巧與應變的能力。

　　二十世紀以來，佛洛伊德和艾力克森從人格發展的觀點，將遊戲視為一種情緒行為，認為遊戲是達成幼兒健全人格發展的重要基石，同時幼兒在遊戲中能獲得生理與心理的滿足，例如，各種角色的扮演遊戲。佛洛伊德又認為遊戲具有治療的價值，因為它可協助幼兒學習控制不愉快的經驗，透過遊戲，幼兒能發展其對生理和社會環境的支配力。

　　由上述的說明，我們可以瞭解遊戲是幼兒學習的管道。凡是一切能促進幼兒身心發展的活動，均可稱為幼兒遊戲，它強調內在動機、自發性、自由選擇、正性的情感、創造刺激及主動參與（郭靜晃，2005）。

一、幼兒遊戲的價值及功能

　　從「遊戲中學習」是學前教育的鵠的，遊戲是幼兒智慧的泉源。遊戲是幼兒發展未來成年智能和社會參與的重要工作，幼兒在沒有壓力的情境下遊戲是貯備未來生存必需的技術，這些看起來非常幼稚而不完整的活動都可以使他們在長大時，面對不同的情境，將童年遊戲的經驗和反應運用在解決生活問題上。具體而言，遊戲對幼兒的教育價值及功能有下列幾項（盧美貴，1987）：

(一)增進身心的健康

幼兒的遊戲可以促進全身各部感官的發展與肌肉的活動；藉著角色扮演的遊戲活動，幼兒可以充分宣洩其喜、怒、哀、樂、愛、慾、惡，以增進其身心的平衡。

(二)助長社會化的學習

幼兒在合作性的遊戲中，擴充生活的領域，增加生活的經驗，學習如何與別人和睦相處，知謙恭、懂禮讓、重公德，使個性和群性在社會化的過程中獲得均衡的發展。

在遊戲中學習社會化

(三)培養語言表達及人際溝通的能力

維高斯基（Vygotsky, 1967）指出，遊戲有助於語言與思考的發展，在遊戲中可以提供幼兒與人交談及正確溝通的機會，使其順利的從自我中心語言期進入社會化的語言期。

(四)提升智力的發展

　　幼兒透過富幻想與創造性的遊戲，從中獲得新經驗，並與舊經驗相連結，而能充分刺激其智慧潛能，促進智力發展。如遊戲對於發展幼兒感覺、知覺、增進記憶與判斷、發揮想像力，以及增進注意力與推理能力，都有深切的影響。

(五)訓練感官能力的協調發展

　　許多遊戲需要手足敏捷、眼光神速、感覺靈敏、腦筋聰明，方能順利進行，是故，遊戲可以促進幼兒視覺、聽覺、觸覺以及各種感官的協調聯繫與手腦並用。

(六)啓發創造力

　　許多遊戲都需要幼兒運用充分的想像力來進行，而想像遊戲中所包含心靈的自由性與超脫現有事實的傾向，與學者們所謂的創造思考的內容有相同之處，因此在遊戲中會孕育其未來創造思考與解決問題的能力。

(七)具有心理治療的功能

　　幼兒透過遊戲中的角色扮演，常將自己裝扮成大人的模樣，父母或教師若能細心觀察幼兒遊戲時的表情及行爲，便可藉「遊戲治療法」（play therapy）探究其不良適應的根源，消除其心靈創傷、緊張、焦慮或恐懼、不滿的心緒，以達到心理治療的功能。

二、幼兒遊戲的特質

盧美貴（1987）認爲幼兒遊戲至少包括下列五個特徵：

1.自發性：基於「想玩」而去玩，並非爲了服從命令。
2.自由性：無拘無束，伴隨解放開朗以及滿足之感，沒有強
制、約束的壓力。
3.娛樂性：幼兒因爲快樂才遊戲，遊戲對幼兒來說亦是快樂
的。
4.想像性：是靠著幼兒的想像力而展開的活動，而非受日常生
活中各種事物的規則、生存的目的所拘束。
5.創造性：靠著想像，不斷創造新的遊戲，並能推動未來新的
思考作用。

就幼兒遊戲的發展過程來看，具有下列特性：

(一)幼兒遊戲遵循一定的發展模式，且可以預測

一般幼兒的遊戲發展，大都包含「探索—模仿—試驗—建構」
的四個基本模式。出生三個月後的嬰兒喜歡檢視探索他所接觸的東
西，這種以感官爲主的感覺動作遊戲，一直持續到兩歲左右，過了
兩歲以後，幼兒會積極展開簡單積木的堆築、沙石、穿珠遊戲等。
到了四、五歲則開始進入團體遊戲階段，如騎馬打仗等。簡言之，
幼兒遊戲大致遵循簡單到複雜、無組織到有組織、單獨遊戲到團體
遊戲以至於合作遊戲的模式。

(二)隨年齡的增長，遊戲方式有所不同

1. 遊戲方式愈趨社會化：幼兒兩歲以前均爲自我中心的單獨遊戲，隨年齡增長，進入團體生活，遊戲方式變得社會化，而產生了合作與競爭的社會化行爲。
2. 兩性遊戲明顯劃分：由於社會對性別角色的期許不同，父母對男、女童教養方式亦有所差異，從小即爲其選擇適合男女性別的玩具或遊戲，使得性別角色逐漸分化。
3. 玩伴逐漸固定而減少：年紀小的幼兒並不刻意選擇玩伴，待年齡稍長，玩伴漸定型，甚或發展成爲小團體。
4. 主動性遊戲減少：年齡愈長，愈傾向轉爲看電視、聽音樂、看故事書等被動性活動。
5. 幼兒遊戲有其個別差異：幼兒因性別、智力、環境、年齡、健康情形、休閒時間多寡的不同，使得幼兒遊戲內容與方法也往往各有所異。
6. 幼兒遊戲多是重複的：幼兒遊戲常是一再的重複，如溜滑梯一而再的爬上溜下雖無變化，但幼兒卻樂此不疲。不但今天要溜很多遍，還要求明天也要溜，天天都要溜。
7. 遊戲受文化影響：生活在各種不同文化的幼兒，其遊戲內容也有所不同，如迎神廟會的遊戲常在台灣的幼兒活動中出現。

三、幼兒遊戲的分期發展

　　由前面幼兒遊戲特質的描述中，可知幼兒遊戲的發展有一定的程序，有研究亦發現年齡與遊戲的類型有關；潘慧玲（1992）研究

六十二位幼稚園大、中、小班幼童的遊戲行為發現，幼兒的生理年齡與心理年齡愈增長，所從事的遊戲形式亦愈成熟，而較不成熟之遊戲則與幼兒生理、心理年齡呈負相關。綜合各家學者的看法，依年齡的發展，將幼兒遊戲分成以下各期：

(一)單獨遊戲

兩歲以前的幼兒，在發展上自我中心很強，所以在遊戲活動中，均以自我為基礎，既無意與其他幼兒玩耍，也不想接納其他友伴。此期的幼兒遊戲均為感官為主的感覺動作遊戲，可以一個人玩得很愉快，屬單獨遊戲時期。潘（Pan, 1994）針對國內幼兒社會遊戲情形加以觀察，發現許多幼兒單獨遊戲其實是一種有積極目標導向的行為。

(二)平行遊戲

從兩歲到三歲的幼兒，已進入群體時期，然而其遊戲多為各玩各的，彼此間少有溝通，不喜歡與人合作，且遊戲的目的，往往僅為遊戲，並無競爭的意義存在，稱為平行遊戲。潘（Pan, 1994）認為平行遊戲常是較年長兒童單獨遊戲與團體遊戲之間的轉移，並非不成熟的行為。

(三)聯合遊戲

從四歲到五歲，幼兒逐漸社會化，開始與周圍的玩伴談話，共同遊戲，惟人數以兩人或少數人為主，他們並無特殊組織，只是在

一起做相同或類似的活動而已。三、四歲的幼兒乃是展現「象徵遊戲」之行為的顛峰期，故熱中於模仿的遊戲，透過角色的扮演，模仿成人的語言和行為，五歲幼兒則更具社會化的戲劇性遊戲。

(四)團體遊戲

五歲至六歲的幼兒，開始玩較為複雜的遊戲，且由無組織變為有組織的群體，例如，騎馬打仗，已能分成兩組展開活動；遊戲的結構，亦隨年齡的增加，漸漸分化。

(五)合作遊戲

七歲至八歲的兒童，開始有分工合作的遊戲，而且每個參加分子都有一定的任務。十歲兒童的遊戲規則嚴明，大都屬於競爭的性質，從此兒童便產生合作與競爭等社會化行為。

四、幼兒遊戲的類型

上述幼兒遊戲分期中所敘述的各項發展的遊戲，稱為社會性遊戲，除此之外，斯密朗斯基（Smilansky, 1968）根據皮亞傑研究的發展理論，將幼兒的遊戲分為功能遊戲、建構遊戲、戲劇性遊戲及有規則的遊戲；而在其研究中發現，建構遊戲在學前幼兒中相當普遍，而隨年齡增長，進展至扮演遊戲，最後是規則遊戲（Johnson, Christie, & Yawkey, 1987；林聖曦，1996）。說明如下：

1.功能遊戲：不論是否使用物品，從事簡單或重複性的肌肉動

作或以固定方式玩某一物品，如跳、跑、追逐、將玩具小汽車在地上滾動均屬之。

2. 建構遊戲：有目的地建構或製造物品，如用積木做某些東西、畫圖等。

3. 戲劇性遊戲：或稱想像遊戲及扮演遊戲，舉凡遊戲中有角色分配，不論是真實或想像均屬之。如扮家家酒，扮演爸爸、媽媽或嬰兒的角色。

戲劇性遊戲——我可愛的家　　　　　　　　　　我是消防員

4. 規則遊戲：此類遊戲有其規則，而規則可能是幼兒自訂的或原本就是幼兒必須接受並遵守的，以從事此類遊戲，如玩跳棋、躲避球。

魯賓、費恩和范登堡（Rubin, Fein, & Vandenberg, 1983）觀察幼兒從出生至七歲，在認知發展層面有七種認知遊戲階段：

1. 知覺動作遊戲（sensorimotor play）：一歲以前，利用已有的

在比賽中學習規則

　　知覺基模對外在事物探索，嬰兒常將一些玩具放在嘴裡咬，
或丟在地板上讓其發出聲音，以瞭解物體特性。

2.建構遊戲（constructive play）：一至二歲的嬰兒已可以使用
　玩具做簡單的建構，如拼圖、積木或堆疊玩具，此階段可持
　續至六歲。

3.初級假裝遊戲（first pretend play）：十二至十四個月開始，幼
　兒可以使用模擬真實器具的玩具來假裝一些活動，如，用玩
　具湯匙餵洋娃娃、用梳子梳頭髮；且隨著年齡的增長，使用
　假裝的玩具愈不受外型所影響，取而代之的是玩具的功能。

4.代替性的假裝遊戲：二至三歲間的幼兒會使用玩具代替任何
　他們想到佯裝的東西，如騎著掃把當作騎馬、跨坐在椅子上
　當作在開車。直到四、五歲後，幼兒至少會有20%的遊戲時
　間會使用此種複雜的假裝。

5.社會戲劇遊戲：幼兒上幼稚園開始會喜歡玩扮家家酒的遊
　戲，而此類遊戲對幼兒社會發展亦甚為重要，由於扮演別
　人，必須融入此角色，使其跳脫自我中心，漸漸會瞭解別人
　的看法和想法。

6.規則的察覺：六歲的幼兒不僅可以自我創造戲劇，還可以描

我是美髮師

　　述此戲劇的規則，他們會預先計畫情節，分派角色。從此以後，兒童發展具體運思能力。

7. 規則的遊戲：上小學後，規則遊戲漸漸取代假裝遊戲，如跳格子、球賽等。這種規則的堅持對兒童日後的認知及社會發展有所助益。

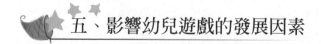

五、影響幼兒遊戲的發展因素

　　影響幼兒遊戲發展的因素可歸納為個體因素及環境因素兩大類，分述如下：

(一)個體因素

　　1. 身體的健康狀況：體格健壯、精力旺盛的幼兒，遊戲時總是

顯得興致勃勃，而採主動遊戲居多；相對地，體弱、精力不濟的幼兒，常缺乏遊戲的興趣與動機，且參與時多處於被動地位。

2.動作的發展：動作協調的幼兒較動作遲緩的幼兒，更能順利的從事各種適合其年齡階段的遊戲。如剪貼、穿珠子遊戲等，都需要手指靈活的操作技巧。

3.性別：許多研究指出，男女生各玩不同的遊戲（Serbin et. al., 1994），亦有學者發現，男生較常玩狂野嬉鬧的遊戲，而且有較多人一起玩，女生則傾向與一位玩伴玩較安靜的遊戲（Benenson, 1993），不僅是遊戲活動如此，甚至於與玩伴分享玩物也是呈現同性別在一起玩之趨勢（Neppl & Murray, 1997）。亦即男孩所喜歡的遊戲，多是較活潑、劇烈、體力消耗多的遊戲，而女孩則傾向於文靜、柔和、不耗體力、細巧而富於模仿性的遊戲。

4.智力：聰明的幼兒活潑好動，較喜歡從事智巧的遊戲，且比較富有創造力、會設計複雜的遊戲或扮演生動的角色。另外，智力較高的幼兒，其語文和抽象思考能力比較優越，因此，較熱中於科學的遊戲和閱讀的活動，中等智力以下的幼兒則比較喜歡從事純用體力的活動，如追逐、摔角、捉迷藏等。

(二)環境因素

1.家庭社經地位：葉文玲（2006）研究認為家庭社經地位因素會影響國小高年級學童休閒內在動機。一般而言，家庭社經地位高的兒童，其遊戲的內容多、品質高，玩具也多，父母

亦較能參與及指導。反之，社經地位低的家庭，兒童玩具少，缺乏變化，父母亦少參與，甚至常為了幫忙家計，而被剝奪了遊戲的機會。

2. **生活環境**：生活在大都市、鄉下抑或寒帶氣候、熱帶氣候環境的幼兒，隨著物理環境的狀況與限制，呈現不同的遊戲種類，如鄉下小孩常玩釣青蛙、爬樹捕蟬、灌蟋蟀等遊戲；都市孩童則大都在家玩電動汽車、洋娃娃等；熱帶氣候，幼兒常戲水，且室外活動較多；寒帶氣候則玩堆雪人、打雪仗遊戲，且室內活動居多。

3. **玩具或教具**：魯賓等人（Rubin et al., 1983）指出學習材料會影響遊戲的類型；可見不同的玩具或教具會產生不同的遊戲類型。

六、幼兒遊戲的輔導

羅賓森和施瓦提（Robison & Schwarty, 1982）主張，在幼兒教育課程設計中，遊戲是具有重大價值的活動，被視為成功的學習活動，它能使孩童在活動中得到自我認識和自我肯定。由此可知，遊戲在幼兒教育中的重要，故如何輔導幼兒從遊戲中學習是每個父母與教師必須瞭解的。父母與教師在輔導幼兒遊戲時應有的態度如下：

(一)對幼兒遊戲的悅納與尊重

給幼兒一個安全而接納的遊戲環境，幼兒可盡其所長，發揮潛

能。因此，輔導者絕不可一味的禁止幼兒玩這個，玩那個，應允許幼兒從嘗試錯誤中學習。

(二)認識幼兒遊戲發展過程

幼兒遊戲行為的發展有一定的程序，以及預期的發展模式，故必須瞭解其發展過程，以配合個體生長、發展的需要，提供適當的遊戲內容和方法，方可達寓教於樂之效。

以下提供四種輔導幼兒遊戲的方法，俾使幼兒在遊戲中發揮其豐富的潛能：

1. 鼓勵幼兒多與同伴遊戲：如此可以培養社會行為發展，養成團結合作的精神，並須注意玩伴的選擇，以免學到不良習性。

2. 提供各種遊戲與設備：在安全無虞的條件下，規劃理想的活動空間，經常變換遊戲場的布置與活動，均可提供幼兒多元的外在刺激，因此，潘慧玲（1992）即建議幼稚園應當提供充分的空間與設備，供幼兒遊戲，父母或幼教老師更應提供不同的遊戲器材，鼓勵幼兒從事遊戲。

3. 參與幼兒的遊戲：與幼兒共同遊戲，聆聽他滔滔不絕的問題，然後再運用周遭環境的刺激，增進他對生活的體認與智力的發展。

4. 儘量採用無結構性的幼兒玩具：無結構性的玩具如砂石、積木等，幼兒在操作時可以自由重組、自由自在的發揮想像力，而不受固定模式的限制，有利於創造力的發展。

七、玩具在幼兒教育上的價值

對幼兒來說，可謂無所不拿，而無所不玩，尤其一歲以後，就經常以玩具或其他物品作為他遊戲的工具。玩具又被稱之為「社會奶油」（social butter），因為它可以助長及潤滑同儕間的社會互動，且大多數的遊戲，都需要透過某些形式的玩具去達成（龔如菲，2001）。「玩具」僅能以廣義定之：凡是被利用為遊戲對象的物體，皆可稱為玩具。因此，舉凡運動器材、樂器、空罐、洋娃娃、木塊等，皆為玩具。由於玩具美觀、好玩、種類多，一直為幼兒所喜愛，且百玩不厭，因此父母應提供足夠的玩具讓幼兒操弄、學習與探索。玩具在幼兒教育上具有如下的價值（黃志成、王麗美，1994）：

1. 可鍛鍊幼兒的各種感覺：玩具的種類很多，有可以用手去觸摸者、用耳去聆聽者、用眼去觀察者等，如此可鍛鍊幼兒的感覺。
2. 可以培養幼兒的好奇心：幼兒對於各種新奇的、構造複雜的玩具，總想去探個究竟，如此可以培養其好奇心。
3. 可以培養記憶力：有許多玩具，如七巧板、數字遊戲等，幼兒在遊戲時，必須反覆練習、記憶，如此可培養記憶力。
4. 可以培養想像力：在遊戲中，幼兒常將玩具想像成各種事物，如此可以培養其想像力。
5. 可以培養美感：玩具的顏色很多，手工或模型都很好看，幼兒終日取之嬉戲，自然可培養美感。
6. 可以培養注意力：幼兒在遊戲中，都表現得非常專注，聚精會神，如此可以培養注意力。

八、選擇玩具的原則

　　幼兒玩具既然對幼兒有如此價值，故父母或老師在選擇玩具時，除考慮不同階段之需要外，尚須注意以下幾點一般原則（參考林芳菁，1993）：

1. 配合身心發展：選擇玩具應配合幼兒身心發展的需要，任何年齡組的幼兒，都應有最適合他們的玩具。
2. 要經久耐用，構造簡單：幼兒動作、協調能力不是發展得很好，故常會弄壞玩具，構造複雜的玩具也容易弄壞，故應選擇經久耐用，構造簡單的玩具。
3. 安全：
   (1)注意玩具之大小及形狀：太小的玩具如彈珠容易吞進肚子，銳邊尖角的玩具易傷害幼兒，均應避免。
   (2)應注意玩具的材料：玩具材料應避免有危險性的（如玻璃），有毒的（如漆、銅），以易清洗者為佳（如橡皮、塑膠、木頭等）。
4. 應注意色彩與聲音：玩具的色彩以調和自然者為佳，聲音應求悅耳而不致發出雜音者。
5. 應配合現實生活：幼兒玩具應配合其現實生活所需要及興趣者，始能發揮教育功能。
6. 應選擇經濟實用的：幼兒玩具應選擇實用而經濟者，昂貴的玩具並不一定有教育意義或對幼兒身心發展有幫助。
7. 顧及個別差異：選擇玩具有性別、年齡、興趣上的差異，故應顧及幼兒的個別差異。

關鍵詞彙

幼兒遊戲	單獨遊戲
平行遊戲	聯合遊戲
知覺動作遊戲	團體遊戲
建構遊戲	合作遊戲
初級假裝遊戲	認知性遊戲
功能遊戲	代替性的假裝遊戲
社會戲劇遊戲	想像遊戲
規則遊戲	

 自我評量

1.何謂幼兒遊戲？其特徵為何？

2.試說明幼兒遊戲的價值及功能。

3.試從幼兒遊戲的發展過程說明幼兒遊戲的特質。

4.試說明幼兒遊戲之發展分期。

5.何謂單獨遊戲？單獨遊戲有哪些特徵？

6.何謂平行遊戲？平行遊戲有哪些特徵？

7.何謂聯合遊戲？聯合遊戲有哪些特徵？

8.試說明幼兒遊戲的類型。

9.試說明影響幼兒遊戲的發展因素。

10.試說明幼兒遊戲的輔導方式。

11.試說明玩具在幼兒教育上的價值。

12.為幼兒選擇玩具的原則為何？

13.請回憶陪伴你童年時光的玩具和遊戲有哪些？並與同學們分享。

參考資料

林芳菁（1993）。《玩物對大班幼兒社會遊戲與社會行為之研究》。台灣
　　師範大學家政研究所碩士論文。

林聖曦（1996）。幼兒遊戲的情境脈絡和意義之研究。85學年度師範院校
　　教育學術論文發表會。

黃志成、王麗美（1994）。《兒童發展與輔導》。台北：頂淵文化。

段慧瑩、黃馨慧譯（2000），Janet R. Moyles著。《不只是遊戲》。台北：
　　心理。

郭靜晃（2005），郭靜晃等著。〈兒童遊戲發展〉，《兒童發展與保
　　育》。台北：國立空中大學。

陳淑敏（1999）。《幼兒遊戲》。台北：心理。

葉文玲（2006）。《台南市國小高年級學童休閒內在動機、休閒阻隔與休
　　閒無聊感之相關研究》。台南大學社會科教育學系碩士論文。

盧美貴（1987）。《兒童教育的理念與輔導》。台北：師苑教育叢書。

潘慧玲（1992）。〈我國兒童之遊戲行為〉，《師大學報》，37，
　　111-131。

龔如菲（2001）。《嬰幼兒發展與輔導》。台北：啟英文化。

Benenson, J. F. (1993). Greater preference among females than males for dyadic
　　interaction in early childhood. *Child Development, 64,* 544-555.

Johnson, J. E., Christie, J. F., & Yawkey, T. D. (1987). *Play and Early Childhood
　　Development*. Glenview, Ill: Scott, Foresman and Company.

Neppl, T. K. & Murray, A. D. (1997). Social dominance and play patterns among
　　preschoolers: Gender comparison. *Sex Roles, 36,* 381-393.

Pan, H. (1994). Children's play in Taiwan. In J. Roopnarine, J. Johnson, & F.
　　Hooper (eds.), *Children's Play in Diversive Cultures*. NY: SUNY at Albany.

Piaget, J. (1962). *Play Dreams and Imitation in Childhood*. New York: Norton.

Robison, H. F. & Schwarty, S. L. (1982). *Curriculcum for Early Childhood*.
　　Boston: Allyn and Bacon.

Rubin, K. H., Fein, G., & Vandenberg, B. (1983). Play. In P. H. Mussen (ed.), *Handbook of Child Psychology, Vol.4*. N.Y.: John Wiley.

Serbin, L. A., Moller, L. G., Gulko, J., Powlishta, K. K., & Colburne., K. A. (1994). The emergence of gender segregation in toddler playgroups. In C. Leaper (ed.), *Childhood Gender Segregation: Causes and Consequences (New Direction for Child Development No.65)*. San Francisco, CA:Jossey-Bass.

Smilansky, S. (1968). *The Effects of Sociodramatic Play on Disadvantaged Preschool Children*. New York: Wiley.

Vygotsky, L. S. (1967). Play and its role in the mental development of the child. *Social Psychology, 12*, 62-76.

Chapter 11

社會行為的發展

學習目標

1. 瞭解社會行為的定義與重要性

2. 瞭解幼兒社會行為發展過程與特徵

3. 瞭解幼兒的社會行為模式

4. 瞭解影響社會行為發展的因素

5. 瞭解幼兒社會行為的輔導方式

6. 瞭解友伴對社會行為發展的影響

7. 瞭解幼兒的利社會行為及其發展過程

8. 瞭解幼兒依附行為的理論與模式

9. 瞭解無法正常依附者的行為問題

摘要

　　當一個人與外界社會環境接觸時，除一方面影響別人，另一方面也同時受別人的影響，所產生的人與人之間在生理上或心理上的交互作用，即稱之為社會行為。社會行為具有持續性，影響幼兒人格的發展，且因社會態度具有一致性，早期的社會經驗決定未來社會參與及社會接納的程度，因此幼兒期社會行為發展的良好與否，對幼兒社會生活的適應、情緒和人格發展，均有重大的影響。

　　嬰幼兒時期的社會化須經過三個階段：1.物體焦點期（二至六個月），此時視他人如同無生命的物體，甚至更注意物體；2.簡單互動期（六至十一月個），已能跟隨成人的行動，以單純的動作或簡單的聲音來反應，且會互相微笑；3.互補互動期（十至二十四個月），會模仿、打人、搶玩具，及表現出互惠或相互合作的行為，此期主要特徵為：自我中心、富於模仿、缺乏道德意識。兒童早期（二至六歲）的社會行為常由遊戲中互動的情形顯現出來，又稱為「遊戲時期」，學前遊戲互動分為五個階段：1.無所事事期；2.獨自玩耍期；3.旁觀期；4.平行遊戲期；5.聯合遊戲期。

　　赫洛克將社會行為模式劃分為社會行為模式及非社會行為模式兩種，社會行為模式包括：合作、競爭、社會贊許或贊同、同情心、同理心、依附行為及模仿等行為。非社會行為模式則包括：反抗、攻擊、自我中心及偏見行為。

　　影響社會行為發展的因素，包括個體因素、家庭因素、學校因素與社會因素。個體因素又以智力、健康與性格、人格特質及社會技巧最具影響力；家庭因素包含家庭關係、父母的期望、父母的行為等。學校因素包括教師或保育員的態度與輔導方法、同儕的相處、學校的環境；社會因素則包括社會活動的機會與經驗、大眾傳播的影響等。輔導幼兒的社會行為，

必須從家庭與學校教育雙管齊下，方法如下：成人良好的正確的示範、滿足幼兒對友伴的需要、和諧的家庭關係、人性化的學校教育。

　　友伴對幼兒社會行為發展具有重要的影響，包括：學習如何結交朋友、學習對友伴應有的態度與禮節、學習與友伴相處的社會技巧、培養團結互助的團隊精神。幼兒的利社會行為亦稱為利他行為，包括幫助別人、安慰別人、救助別人、保護別人，與他人分享和與他人合作等等。幼兒利社會行為形成的原因，可歸結為父母的教養方式及利社會行為的訓練兩方面。

一、社會行為的定義與重要性

　　人自出生即參與了社會生活，社會生活的特徵，是每個人時常與別人發生關聯。而一個人與別人相處時所表現的行為，即為社會行為。狹義而言，社會行為即指一個人與他人相處的外在行為表現。就廣義而言，當一個人與外界社會環境接觸時，除一方面影響別人，另一方面也同時受別人影響，所產生的人與人之間在生理上或心理上的交互作用。

　　就幼兒的發展而言，其重要性可歸結以下三點：

(一)社會行為具有持續性，影響人格的發展

　　早期社會行為模式一旦形成，即習慣成自然，持續下去就形成人格特質的一部分。人的獨立或依賴，支配或順從，反抗或合作，友善或攻擊等，都決定於幼兒期社會行為發展社會化的程度。

(二)社會態度的一致性

　　在每個年齡階段，人對社會活動的態度都是一致性的，尤其形成了刻板印象就不易改變。除非發現自己的社會態度不適當，成為不受歡迎的人，才會改善其社會行為與態度。

(三)早期社會經驗決定未來社會參與及社會接納的程度

　　早期社會經驗若是快樂與滿足的，則往後有較好的社會適應，

有信心參與各種活動；反之，早期不愉快的社會經驗，會使人心灰氣餒，逃避退縮而自閉於象牙塔中。

　　由上述可知，幼兒社會行為發展的良好與否，不僅對其社會生活的適應非常重要，同時對他的情緒和人格發展，也有重大的影響。社會行為發展良好，其人際關係較為和諧，滿足需求的機會也較多，尤其是社會性的需求，如安全感與歸屬感。反之，幼兒若社會行為發展不成熟，往往在團體中不受歡迎，缺少友伴，造成人際關係的適應不良，以致產生社會適應問題。

二、幼兒社會行為發展過程與特徵

　　嬰幼兒期的每一年齡層，社會行為的發展都不相同，尤其隨著年齡的增長，幼兒的社會活動範圍逐漸擴大，從家庭、鄰居，到托兒所或幼稚園，社會行為也由被動、依賴，轉變成主動而自主。

(一)嬰幼兒時期（出生至二歲）的發展階段

　　嬰幼兒時期社會化須經過以下三個階段：

1. 物體焦點（object centered）期：嬰兒在二至六個月時，雖也會互相注視，甚至觸摸對方，但他也以同樣的方式對待周圍其他的東西，他視他人如同無生命的物體，甚至更注意物體。
2. 簡單互動期：六至十一個月的嬰兒常想動手觸摸對方，如同觸摸物體一般，但他顯然對「人」更有興趣了，他能跟隨對方的行動，以單純的動作或簡單的聲音來反應，且會互相微笑。

3.互補互動期：十至二十四個月的嬰兒已有簡單的角色互換
（role complementarity）行為，會模仿、打人、搶玩具，甚
至給別人玩具，也能表現出互惠或相互合作諸類的取予行
為。

此期特徵與需求如下（黃志成、王麗美，1994）：

1.自我中心：嬰幼兒時期自我中心強，並不關心別人的存在，
需要成人予以個別的關懷。

2.富於模仿：模仿性強，許多成人或兒童的社會行為均為其模
仿的範圍，故應給予良好的示範。

3.缺乏道德意識：嬰幼兒期的道德意識尚未形成，無分辨是非
善惡的能力，是成人所應理解、包容的。

(二)兒童早期（二至六歲）

兒童早期的社會行為係常由遊戲中互動的情形顯現出來，故又
稱為「遊戲時期」。此期幼兒遊戲的對象，由原來的成人逐漸轉向
同年齡的幼兒。依據帕坦（Parten, 1943）的研究，將學前遊戲互動
大致分為以下五個階段：

1.無所事事期：此期幼兒似乎不是在遊戲，只是短暫性的看
看、摸摸，若沒什麼有趣的事時，就玩弄自己的身體，在椅
子上坐立不安，或站起來跟著老師等等。

2.獨自玩耍期：此期幼兒獨自玩玩具，未與他人發生任何有意
義的關聯。

3.旁觀期：幼兒大部分時間在一旁看著他人玩，雖可能和正在
玩耍的友伴說說話、問問題，或給意見，自己卻不參與該遊

戲。

4. 平行遊戲期：一群幼兒同在一處，甚至用同一工具，但卻玩自己的玩具，不與其他幼兒一起玩。

5. 聯合遊戲期：幼兒能根據規則、規範一起遊戲，具實質的互動。

此五階段的發展特徵及需求如下（黃志成、王麗美，1994）：

1. 聯合遊戲：玩伴已由成人轉向同齡幼兒，因組織力差，故玩伴少，良好玩伴的選擇是最重要的。

2. 個性的發展：三歲以後的幼兒開始發展個性，常有自己的主張，較易與照顧者意見相左，有人稱此期為人生的第一反抗期。成人在可能的範圍內，不應給予太多的限制，使其個性得以發揮。

3. 社會的認可：此期幼兒需要社會的認可，尤其是社會讚許，幼兒最先需要成人認可，其次要求友伴認可。吳美姝、陳英進（2000）表示，四至五歲時幼兒經過反抗期，行為態度上表現協調、合作、友善和尋求成人的認可。

三、幼兒的社會行為模式

從幼兒期開始，逐漸由非社會的階段，轉入社會性的階段（鍾鳳嬌，1999），社會行為的發展，也伴隨著不被贊許的「非社會行為」（unsocial behavior）出現。赫洛克（Hurlock, 1978）將社會行為的模式劃分為社會行為模式及非社會行為模式兩種，分別敘述如下：

(一)社會行為模式

1. 合作（cooperation）：幼兒到四歲時才開始與他人有合作行為，與他人有愈多機會在一起，就愈能學習合作，吳美姝、陳英進（2000）認為幼兒社會行為的發展歷程在三至四歲時積極想要找友伴遊戲，合作行為增加。

2. 競爭（competition）：競爭行為是從三至四歲即開始，五至六歲時具強烈的競爭意識（吳美姝、陳英進，2000）。當這種競爭心理促使幼兒盡力去完成一件事時，能夠增強其社會化，然而若表現在吵鬧和打架上，則反而會導致不良的社會化。

3. 社會贊許或贊同（social approval）：幼兒自早期起即有此傾向，當被贊許的期望愈高，表現出社會期望的行為動機亦愈高，期待父母的贊同通常較同輩贊同出現得早。

4. 同情心（sympathy）：自三歲開始即能對他人的傷心表示關心，他能試著幫助或安慰痛苦的人，以表示憐憫和同情。

5. 同理心（empathy）：係站在他人的立場，設身處地為他人想；此種行為發展只有在幼兒能瞭解他人臉部表情及語言後才會出現。

6. 依附行為（attachment behavior）：幼兒從小即由母親那兒發展出溫暖和愛的依附情感，進而藉由此學習與他人建立友誼。

7. 模仿（imitation）：幼兒願意仿效社會行為良好的人，以及能為他人接受的行為。

(二)非社會行為模式

1. 反抗（negativism）：反抗是指幼兒對他人的壓迫顯現出唱反調的抗拒行為，出現在生命中的第二年，三到六歲時達到高峰。反抗常表現在當他被要求去做不願做的事時，發脾氣或出現言語上的拒絕。

2. 攻擊（aggression）：攻擊是一種帶有敵意的實質威脅行動，常是受到他人激怒引起的，幼兒多是以身體或語言攻擊他人，以表達他的憤怒。

3. 自我中心（ego centrism）：幾乎所有幼兒所想的、所說的都有自我中心傾向，例如，媽媽問三歲的小英，要送什麼禮物給爸爸當生日禮物，小英說：「洋娃娃」。

4. 愛耍脾氣（tantrum）：個體在嬰兒期即有憤怒的情緒，造成幼兒發脾氣的原因包括生理因素，如生病、睡眠不足、口渴、肚子餓等；以及外在因素，如挫折、需求不滿足、被欺負、天氣燥熱、下雨無法外出遊玩等。

5. 霸凌行為（bullying）：就佛洛伊德精神分析論的觀點而言，幼兒本身即具攻擊行為；就班都拉社會學習論的觀點而言，幼兒透過觀察與模仿霸凌行為，自然就產生類似的行為，如此對社會行為有不利的影響。

四、影響社會行為發展的因素

在幼兒社會行為發展過程中，有許多因素影響著社會經驗，分述如下（參考鄭淑俐，2001）：

(一)個體因素

1. 智力：智力高的幼兒，一般在社會適應的能力方面也較強（黃志成、王麗美，1994），資賦優異兒童有較佳的社會技巧（黃志成、王麗美、高嘉慧，2008）。

2. 健康與性格：一個發展良好的幼兒，比營養不良的幼兒富有活力，常表現積極的社會行為。如果幼兒的體格瘦小或有缺陷，往往成為其他幼兒訕笑的對象，而產生自卑感，有退縮的行為表現。

3. 人格特質：性格外向的幼兒容易主動與他人交往，會表現出受人歡迎的行為。有的幼兒生性內向，膽小又愛哭，以致令人厭煩，為友伴排斥而成為孤立者。因此，幼兒如果具有受人歡迎的人格特質，在團體中容易被人接受與重視，其社會適應也較良好。反之，在團體中遭人拒絕或孤立的幼兒，其社會適應就有困難。

4. 社會技巧：社會技巧包括語言和非語言兩部分，幼兒若有良好的社會技巧，則容易很快的進入團體與他人相處，在問候、禮讓、分享、合作等行為技巧表現上，使幼兒很快的交到朋友。

5. 需求：蔡麗雪（2006）從社會交換論（social exchange theory）的觀點認為，人與人之間互動關係的目的是為了滿足自己的需求，想由別人的身上得到自己想要的，所以交換的過程必然牽涉到利益，若交換的雙方無法達到滿意的結果，則無交換的必要，社會互動亦不會發生（陳怡君，2003）。

6. 性別：國小男學生發生偏差行為的機會高於國小女學生（翁

正舜，2003）。

(二)家庭因素

1. 家庭關係：構成家庭單位的成員，可分為夫婦、親子、父
   母、手足四種關係，此四種關係對幼兒的社會行為均會有所
   影響。如果家庭氣氛溫暖，則一家和樂融融，幼兒易培養友
   善、同情心與合作的社會化行為；反之，如果家庭氣氛冷
   淡，彼此間形同陌路，則幼兒易發展攻擊、敵意與冷漠等非
   社會化行為。格雷厄姆貝爾曼和格斯特（Graham-Bermann
   & Gest, 1991）研究指出，擁有兄弟姐妹的男孩較容易被同儕
   所喜愛與接納，擁有兄弟姐妹的女孩也表現較多正向的社會
   行為。魏希聖、陳麗欣（2007）表示：學童參與家庭休閒活
   動愈積極，其親子互動及人際關係也愈好。
2. 父母的期望：父母的期望可以激發幼兒扮演符合社會模式、
   為社會所接納的角色，並對他人產生良好的社會態度。

和諧的親子關係

3. 父母的行爲：幼兒多以父母爲其模仿與認同的對象，所以父母的行爲如果是子女的好模範，並且能夠以身作則，言行一致，則子女容易發展良好的社會化行爲；反之，有的父親有意管教，而母親則寵愛放任，呈現不一致的教養態度，凡此種種皆易使子女發展非社會性或反社會性的行爲。此外，當孩子常感受到自己是被父母拒絕的，孩子因而學會忽略照顧者的存在，將自己視爲孤獨且不被需要的（郭啓瑞，2005），如此對社會行爲發展造成不利的影響。而未與父母親同住、父母親未同住或家庭氣氛不佳的國小學生，發生偏差行爲的機會較大（翁正舜，2003）。

(三)學校因素

1. 教師或保育員的態度與輔導方法：教師或保育員以民主的教育方式教導幼兒，幼兒容易建立自信心，較有自主性；嚴格或專制的教育方式則否。此外，教師之人格、情緒發展良好，對幼兒之親和力高，給幼兒良好的示範等，均有利於幼兒之社會行爲發展。

2. 同儕的相處：幼兒在托兒所或幼稚園是否與友伴相處愉快，友伴的關係如何等，都對幼兒的互助、友愛等社會行爲發展十分有益。從社會學習論的觀點，同儕中較具有影響力者，往往會成爲幼兒模仿的對象（方金鳳，2004）。因此學習行爲的主要方式可透過觀察，對楷模的模仿與認同而來（蘇蕙芳，2006）。

3. 學校的環境：學校的遊戲設備應充裕開闊，有足夠的空間讓幼兒玩成一片，增進彼此互助的機會，可以促進幼兒行爲正

常發展（郭孝貞，1988）。

(四)社會因素

1.社會活動的機會與經驗：幼兒生活環境是否有玩伴，是否有機會接觸不同的成人或較大的兒童，均會影響幼兒的社會化。有的幼兒社會活動機會很多，因而學會了很多待人接物的行為。從社會接觸中所建立的人際關係，足以增進幼兒的社會經驗，因此，幼兒早期是否有愉快的社會經驗，足以影響幼兒社會行為的發展。

2.大眾傳播的影響：電視、電影、看板海報、圖書等多以成人宣傳的觀點，傳播給大眾，幼兒生活在成人社會中，直接或間接都會感染到其所傳達的正負向訊息，對幼兒社會化的學習可謂影響很大。此外，兒童節目、兒童讀物等多是盡量以兒童的眼光來傳達教育性的資訊，然仍有不當的模式，影響幼兒的學習或身心發展，值得重視並加以防範。若大眾傳播常常教導幼兒如何做一個人人喜愛、接納的孩子，則更能增長幼兒的社會化。

五、社會行為的輔導

由以上幼兒社會行為影響因素的分析中，可知欲發展幼兒良好的社會行為，必須從家庭與學校教育雙管齊下，尤重日常生活的教育與良好的示範，茲分述輔導方法如下：

1.成人的示範：從社會學習理論的觀點，培養幼兒良好社會行

為最有效的方法，是使其由實際生活中深切體認，因此成人實際行動的示範最為重要，父母或學校教師能在日常生活中隨時表現互助、關愛、合作的社會行為，幼兒自然能加以觀察及模仿。

2.滿足幼兒對友伴的需要：人是群居的動物，自嬰幼兒時期起，即應讓幼兒有同齡的玩伴，使其在群居的生活中，學習與友伴相處，發展良好的社會行為。

3.和諧的家庭關係：包括親子間的愛以及和睦的手足之情，唯有在美滿的家庭氣氛中成長，才能培養善良、有愛心的幼兒，而有助其社會行為的發展。

4.人性化的學校教育：托兒所或幼稚園要實施愛的教育，避免在學前教育中做過多的競爭活動，或給予幼兒太多的壓力，應使其活潑快樂的生活，培養良好的情緒與健全的人格，並於活動中鼓勵幼兒合作的行為，以訓練其發展良好的社會行為。

姐姐愛妹妹

六、友伴對社會行爲發展的影響

　　從一九三○年代以來，兒童心理學家一直認爲兩歲以前的嬰幼兒沒有友誼的概念，所以他們彼此間也無所謂相處的情感交流存在；但一九七○年代以後，由於一些身爲父母的心理學家的質疑，才重新對兩歲以前的友伴關係重加評估。事實上，赫洛克在一九六八年即提出：幼兒在出生二、三個月間即開始顯出對人有興趣，在第四、五個月間會期望有人抱他，與他說話，並且開始能接納其他幼兒，更會爲吸引其他幼兒而表現出微笑、雙腳亂踢或跳上跳下等行爲。到了六、七個月會分辨朋友及陌生人，並對之做不同的反應。由赫洛克的研究發現可知，人類自嬰兒時期即開始與友伴產生互動關係，到了幼兒時期，在其社會化過程中，「友伴關係」更扮演了重要的角色。心理學家哈羅（Harlow）早年研究猴子的行爲時發現，如果小猴子從小只和父母在一起，沒有任何玩伴，則這些小猴子長大後會發展不正常的社會行爲 （引自Suomi & Harlow, 1975）。

　　由此可知，友伴與父母對幼兒的發展是同等重要。幸曼玲（1993）亦提出友伴對幼兒具有正向的功能，其分別從增強者與被模仿者的角色加以說明：友伴是增強者（peers as reinforcing agents），對幼兒的行爲表現扮演著增強作用執行者的角色；友伴是被模仿的對象（peers as social models），日常生活中各種社會行爲、道德判斷、性別角色的行爲，幼兒均極易自友伴處學得。蔡子瑜、邱奕寬、李德芳（2000）則提出兒童對友伴互動有以下的優點：

1. 兒童可以吸取他人不同的觀點，並進一步比較自己與他人的不同處。

2.兒童可以從經驗中學習到，哪些行為是可以做的且會被鼓勵，哪些行為是不可以做的且可能被責罰。

3.兒童可經由與同伴的相處，學習如何相互尊重、發展公平與正義的道德感。

4.透過不同角色的扮演經驗，有助兒童認識身處的社會環境與規範，促進道德的發展。

綜合上述各學者對友伴的看法，歸結出以下五點友伴對幼兒社會行為發展的重要影響：

1.學習如何結交朋友：幼兒與幼兒間，由不認識到認識，由認識到玩得愉快，在這一短暫的過程中，讓幼兒學到交朋友的方法。

2.學習對友伴應有的態度與禮節：幼兒間的相處，如態度和藹、溫文有禮，必受人歡迎；如果態度蠻橫、對人無禮，自然沒人願與其為友。

3.學習與友伴相處的社會技巧：幼兒與人相處，若缺乏社會技巧，可能會交不到朋友、被孤立、被拒絕。相反的，若懂得社會技巧，必得人緣，而社會技巧的學習，可以在友伴相處中自然習得。

4.培養團結互助的團隊精神：友伴相處，貴在團結互助，如此可以得到許多友誼，表現出團隊精神，被孤立的幼兒，將體會到團結互助的可貴。

5.益友損友的影響：幼兒如結交到益友，基於模仿與學習，自然習得良好的社會行為。反之，如結交損友，必學得各種反社會行為。

七、幼兒的利社會行爲

利社會行爲（prosocial behavior），亦稱爲利他行爲（altrustic behaviors）。謝弗（Shaffer, 1979）從行爲的動機及行爲的結果來下定義，動機論強調利他行爲的理由純以關心爲出發點，而不是爲了某種回報而做此行爲；行爲結果論則不管行爲者的動機如何，只要是提供他人幫助的行爲，就是利他行爲。因幼兒心思較爲單純，且不易瞭解行爲的動機，大多數學者仍偏向從行爲本身來定義利社會行爲。簡而言之，這類行爲包括幫助別人（helping）、安慰別人（comfroting）、救助別人（rescuing）、保護別人（defending），與他人分享（sharing）和與他人合作（coorperating）等等（李駱遜，2000）。譬如說，幼兒願意將自己的糖果分給別人吃，把自己的玩具借給別人玩及安慰別的小朋友等等，都是利社會行爲的表現。

研究結果顯示，個體在幼兒時期就會有利社會行爲的表現，且隨著年齡的成長，兒童可能發展出更好的能力與同伴互動，有更多利他行爲（郭靜晃，2005），如愈多表現出幫助他人、與他人分享等行爲（Maccoby, 1980）。嬰幼兒利社會行爲的發展過程如**表11-1**所示（引自蘇建文，1997）：

幼兒利社會行爲形成的原因，可歸結爲父母的教養方式及利社會行爲的訓練兩方面，以下分別說明：

(一)父母的教養方式

從班都拉社會學習論的觀點，家庭中父母的行爲是幼兒主要的

表11-1　嬰幼兒利社會行為的發展過程

出生至六個月	1.對別人有正向的反應（微笑，和別人大笑） 2.參加社會遊戲（躲貓貓） 3.對苦惱有情緒反應（對別人哭或不高興）
六個月至十二個月	1.在社會遊戲中扮演主動的角色 2.開始分享行為 3.對熟悉的人表現情感
一歲至二歲	1.服從簡單的要求 2.對合作遊戲的規則有一些知識 3.安慰苦惱的人 4.參與成人的工作
二歲至三歲	1.以手勢和說話來引起別人對物品的注意 2.遊戲形成的幫助增加 3.表達幫助的意願和知道幫助的意願增加

資料來源：蘇建文（1997）。

模仿對象，除了父母本身所表現出來的行為外，父母對行為的解釋方式，也會影響到幼兒利社會行為的發展。若對幼兒行為不做任何解釋或僅一味地禁止，反而容易引起幼兒的反感，可能做出更不利於社會的行為。

(二)利社會行為的訓練

雖然個體在幼兒時期會表現利社會行為，但其出現的頻率並不一致，可透過訓練的方式來增強其發生的頻率，使利他行為得以持續表現。亦即，常對幼兒利社會行為的表現加以誇讚，或利用圖片中的情境教導幼兒，並適時機會教育，使其在日常生活中模擬練習，而予內化為日常生活的行為。

由上述可見，欲使幼兒能夠主動地在日常生活中表現利社會行為，必須包括兩個步驟（幸曼玲，1993）：

1.以訓練的方式，讓幼兒學習到利社會行為的表現技巧。

2.提供真實的情境，使幼兒有機會表現這類行為。

八、幼兒的依附行為

人類初步的社會關係，就是親子依附（attachment），親子間的依附關係亦為嬰兒期最重要的社會發展特徵。英國精神病理學家鮑比（Bowlby, 1958）提出依附的觀念（引自郭靜晃，2005），來說明嬰兒與照顧者（通常指母親）間強烈的感情連結，因此，依附係嬰兒對照顧者所產生的依戀或依賴的情感。

(一)依附理論

■鮑比的依附理論

此為現今流行的依附理論中最具代表性者。此理論強調生理或基因是促成父母和孩子間依附關係的主要因素，例如，父母會做出一系列「致意回應」（greeting response）以引起嬰兒的注意（郭靜晃，2005），如父母會表情誇張、嘴巴半開、眉毛上揚及使用兒語（baby talk）等，而這些行為並非完全出自意識的覺知，乃是來自本能的驅動。對子女來說，嬰兒出生後的反射動作，如抓取、吸吮、呼叫，與翻滾，都是對父母照顧者的回應，這些回應增強了父母和他們互動的行為，讓父母深覺自己被需要，此外，嬰兒能很快的辨認出誰是主要照顧者，也強化了父母的付出，這些也都是本能的驅動。

鮑比將嬰幼兒期的依附階段劃分爲四個階段：1.無特定對象的社會反應；2.對特定對象的社會反應；3.依附的建立；4.相似目標的建立，表列如下：

表11-2　鮑比的依附階段

階段	依附對象	年齡	行為
1	無特定對象的社會反應	出生至2-3個月	隨意微笑、讓任何人擁抱。
2	對特定對象的社會反應	2-3個月至6-7個月	選擇性互動，對所喜愛的人微笑；比較陌生人和主要照顧者的臉。
3	依附的建立	6-7個月至1歲	依附主要照顧者，此人不在時會哭，試圖跟隨；對陌生人懷著戒心。
4	相似目標的建立	1-2歲	具完整記憶力，知道照顧者雖不在眼前也不會消失。開始和他人交往。

資料來源：Bowlby（1958）；郭靜晃（2005）。

■安斯吾爾的理論

安斯吾爾跟他的同事（Ainsworth et al., 1978）以「陌生情境」的實驗，觀察幼兒在不同的場合對不同事件的反應，以衡量依附的程度。實驗共有七個片段，每個片段約三分鐘，均在一個陳設簡單的實驗室中進行，對象爲十個月至兩歲的嬰兒。實驗程序爲：首先由母親抱嬰兒進入實驗室，並一起探索實驗室內的事物，然後母親離開實驗室，陌生人進來試圖與嬰兒玩，陌生人離開，母親再回到實驗室，母親再度離開，留嬰兒一人在實驗室中，陌生人再進入實驗室，隨後母親再返回實驗室中。在每一個片段中觀察嬰兒的反應以及與母親的互動關係，安斯吾爾等人將這些反應分爲以下三種依附模式：

● 安全依戀型

這類嬰兒和媽媽待在陌生的環境時，能自己玩玩具，和陌生人接觸。但媽媽離開時，會有不安的反應，甚至哭、鬧，不過媽媽一回來，會趨前擁抱並安靜下來玩玩具。藉由安全依附關係的建立，能促進幼兒形成正向的自我概念與信心，並形成有效回應他人之內在運作模式，依附關係是個體一切生活發展與適應的基礎。

● 不安全依戀型

這類嬰兒在陌生環境中，較缺少探索和遊戲行為，緊黏著媽媽哭鬧。當媽媽離開時，情緒更激烈，但媽媽回來後，卻一方面要媽媽抱，一方面又想掙扎著下來。當早期的嬰兒需要照顧者的保護、支持與關愛時，若一直被拒絕，則嬰兒會學會忽略照顧者的存在，其自我視自己是孤獨及不被需要的，視他人為拒絕與不可信任的。

● 逃避依戀型

這類型嬰兒在陌生環境中，不論媽媽在不在場都沒有很強烈的情緒反應。只有獨處時才會顯得不安，但只要有人（陌生人）陪伴，也可安撫他們的情緒。孩童依附傾向是從孩童與母親在互動中的經驗，將母親的溫暖關愛、敏感回應、摒棄拒絕、不安全感等等所有訊息內化到內在心理，再由孩童表現的行為或反應等現象呈現出來，因此孩童的依附傾向，強烈受到親子的互動經驗影響，而互動品質便成為重要指標。

依附行為具有適應環境的生物功能，為了滿足安全及生存的基本需求，個體主動親近依附對象，尋求心理上的安全感，當依附對象能敏覺幼兒的依附訊號且適當回應時，幼兒才能滿足安全需求，產生足夠的信心，勇敢的向外探索環境，假如依附對象不能滿足幼

兒的需求，幼兒只好使用各種扭曲的防衛方式，選擇不適當的行為
因應，以示抗議。

(二)無法正常依附者的行為問題

嬰兒的依附行為亦有其關鍵期，依戀的關鍵期開始於六個月，
截止於兩歲左右（郭靜晃、吳幸玲譯，1993）。因此，出生至六個
月內若能對嬰兒的啼哭或微笑給予一貫有效反應的人，就會成為
嬰兒依附的對象。反之，若缺乏一貫、固定的人選，嬰兒即無法
形成正常的依附。而依附一旦形成，與依附對象長期分離將產生
抗議（如於哭鬧、睡夢中驚醒）、絕望（行為呆滯、面無表情、無
食慾），甚至脫附現象（表面恢復正常行為，內心卻不再信任任何
人）。

澤納、曼門和李卜曼（Zeanah, Mammen, & Lieberman, 1993）
提出無法正常依附之兒童的失調行為，如**表11-3**：

表11-3　無法正常依附者的行為問題

行　為	依附失調的現象
情感表達	與人互動時缺乏溫暖與親切的交流，輕易親近陌生人。
尋求安慰	受到傷害、驚嚇或生病時不會尋求安撫。即使尋求安慰，通常會使用奇怪或矛盾的方法。
依賴他人	不是過度依賴，就是需要時不去尋求可依附的照顧者。
合作	不順從照顧者的要求，或過度服從。
探索行為	在陌生的場合裡不會察看照顧者是否同在，或者不願離開照顧者探索環境。
控制行為	過分討好照顧者，或過分控制支配照顧者。
重聚時反應	分離後團聚，無法重建互動，行為表現包括：忽視、迴避，或強烈憤怒。

資料來源：Zeanah, Mammen, & Lieberman（1993），引自郭靜晃（2005）。

關鍵詞彙

社會行為	依附行為
物體焦點期	焦慮—反抗依戀型
簡單互動期	陌生情境實驗
安全依戀型	無所事事期
互補互動期	旁觀期
社會行為模式	依戀型
非社會行為模式	依附模式
友伴關係	利社會行為

自我評量

1.何謂社會行為？其重要性為何？

2.試說明幼兒社會行為發展的過程與特徵。

3.試說明兒童早期社會行為發展的階段。

4.試說明兒童早期社會行為發展的特徵及需求。

5.幼兒社會行為模式有哪幾種？

6.幼兒非社會行為模式有哪幾種？

7.影響社會行為發展的因素有哪些？

8.試說明如何輔導幼兒的社會行為。

9.友伴對幼兒社會行為的發展有何影響？

10.何謂利社會行為？試分別從動機論及行為結果論闡述之。

11.試列表說明嬰幼兒利社會行為的發展過程。

12.觀察兩個以上幼兒的互動情形十五分鐘，並將其互動內容以

及幼兒的年齡、性別等基本資料詳細記錄下來，與班上同學分享這有趣的觀察過程。

13.何謂依附行為？試述鮑比的依附理論。

14.試說明安斯吾爾的陌生情境實驗及依附理論。

15.安斯吾爾將依附情境分為哪三種模式？

16.試說明無法正常依附者的行為問題。

參考資料

方金鳳（2004）。《自由遊戲時間同儕互動策略之研究——以一個幼稚園大班為例》。屏東師範學院國民教育研究所碩士論文。

吳美姝、陳英進（2000）。《幼兒發展與輔導》。台北：五南。

李駱遜（2000）。〈四歲幼兒利社會行為之研究：以一個幼稚園小班為例〉，《國教學報》，12，307-337。

幸曼玲（1993），賴保禎等編著。《發展心理學》。台北：空中大學印行。

翁正舜（2003）。《國小學生次文化、人格發展及偏差行為之關聯性研究》。中正大學犯罪防治研究所碩士論文。

郭孝貞（1988）。《父母婚姻關係、親子關係與其幼兒社會行為之相關研究——以托兒所幼兒為調查對象》。中國文化大學兒童福利研究所碩士論文。

郭啓瑞（2005）。《國小學童依附關係與人際關係、生活適應之研究》。台南大學教育學系輔導教學碩士論文。

郭靜晃（2005），郭靜晃等著。〈兒童遊戲發展〉，《兒童發展與保育》。台北：空中大學。

郭靜晃、吳幸玲譯（1993），Philip & Barbara Newman著。《兒童發展》。台北：揚智文化。

陳怡君（2003）。《國中生網路使用行為、同儕關係與自我概念之研究》。中國文化大學生活應用科學研究所碩士論文。

黃志成、王麗美（1994）。《兒童發展與輔導》。台北：頂淵文化。

黃志成、王麗美、高嘉慧（2008）。《特殊教育》。台北：揚智文化。

蔡子瑜、邱奕寬、李德芳（2000）。《幼兒發展與輔導》。台北：啓英文化。

蔡麗雪（2006）。《國民小學學生內外控傾向、學生能力與外表吸引力對同儕關係之影響——社交技巧的調節效果》。台南大學教育經營與管

理研究所碩士論文。

鄭淑俐.（2001）。《幼兒遊戲與其角色取替能力、正負向社會行為與同儕
　　關係之相關研究》。台北師範學院國民教育研究所碩士論文。

鍾鳳嬌（1999）。〈幼兒社會化歷程中社會能力之探討〉，《行政院國科
　　會報告：人文及社會科學彙刊》，9（3），398-422。

魏希聖、陳麗欣（2007）。〈特殊境遇婦女家庭子女之福利需求──以台
　　中縣為例〉，《兒童及少年福利期刊》，11，243-261。

蘇建文（1997）。《發展心理學》。台北：心理。

蘇蕙芳（2006）。《國小學童依附關係與情緒管理、利社會行為關係之研
　　究》。台南大學教育學系輔導教學碩士論文。

Ainsworth, M. D. S., Blehar, M. C., Waters, E., & Wall, S. (1978). *Patterns of
　　Attachment: A Psychological Study of the Strange Situation*. Hillsdale, NJ:
　　Erlbaum.

Bowlby, J. (1958). The nature of the child's tie to his mother. *International
　　Journal of Psychoanalysis, 39,* 1-23.

Graham-Bermann, S. & Gest, S. (1991). *Sibling and Peer Relations in Socially
　　Rejected, Average, and Popular Children*. Presented at the Biennial Meeting
　　of the Society for Research in Child Development. Seattle, WA.

Hurlock, E. B. (1978). *Child Development,* (6th ed.). N.Y.: McGraw-Hill Inc.

Maccoby, E. E. (1980). *Social Development: Psychological Growth and Parent-
　　child Relationship*. New York: Harcourt Brace Jovanavich Publichers.

Parten, M. B. (1943). Social play among preschool children. *Journal of Abnorm
　　Psychology,* 16.

Shaffer, D. R. (1979). *Social and Personality Development*. Monterey, Calif.:
　　Brooks/Cole.

Suomi, S. J. & Harlow, H. F. (1975).The role and reason of peer relationship in
　　rhesus monkeys. In M. Lewis & L.A. Rosenblum (eds.), *Friendship and
　　Peer Relations*. New York: Wiley.

Chapter *12*

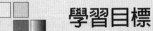

道德行爲發展

■■
■■ **學習目標**

1. 瞭解道德行為的定義及其重要性

2. 瞭解道德行為的發展過程

3. 瞭解皮亞傑的認知發展理論

4. 瞭解柯爾堡的道德發展階段

5. 瞭解影響幼兒道德發展的因素

6. 瞭解幼兒道德行為的輔導方式

摘要

　　道德行為係指符合社會規範的行為，如助人、誠實、仁慈等；道德行為是逐漸發展而來的，在研究道德發展的學者中，以皮亞傑及柯爾堡（L. Kohlberg）最具代表，皮亞傑以幼兒的認知發展觀點來解釋其道德的發展，認為道德是隨年齡與智力並行發展的；皮亞傑的道德發展分為三期，是經過「無律」（出生到四歲）、「他律」（四至八歲）、「自律」（八至十二歲）三階段。柯爾堡的道德發展理論，係運用一系列兩難推理故事（如海因茲偷藥的故事）來測驗兒童的道德發展，其推演出三個層次六個發展階段：1.道德成規前期（學前幼稚園及小學低中年級階段），又分為重懲罰與服從、重手段和互惠兩個階段；2.道德成規期（小學中年級以上），又分為重和諧與順從、重制度與權威兩個階段；3.道德成規後期，又分為重公約與法理、重普遍倫理道德原則兩個階段。

　　影響幼兒道德發展的因素包括：1.年齡因素；2.智力因素；3.情緒因素；4.社會經驗；5.教育因素；6.家庭因素；7.性別因素。針對幼兒道德行為的輔導，應從家庭、學校及社會三方面著手，在家庭方面賞罰要分明，要培養幼兒良好的待人態度及安排規律的日常生活；在學校方面，要著重道德原則的教學、道德實踐的教學及道德規範的指導；在社會方面，必須樹立善良的社會風氣，提倡正當的康樂活動，並積極推展親職教育。

一、道德行為的定義及其重要性

　　英文中的moral是源於拉丁文的mores和mos翻譯而來，mores為通常的習俗，mos為品行的意義，此兩含義，與中文「道德」的意義實相謀合。而所謂道德，含蘊著行為規範的理論與實踐，亦為知善行善與知善去惡的活動或氣質之增長精進的歷程。在我國國民小學倫理教材中編有以合作、服務、信實……等多項的「基本道德」項目，皆屬於道德的內涵。簡言之，道德行為（moral behavior）係指符合社會規範的行為，如助人、誠實、仁慈等；相反的，不道德行為則指不符合社會所期望的行為，如欺騙、鬥毆等。當兒童表現不道德行為時，應視其身心發展給予必要的輔導。

二、道德行為的發展

　　道德行為和幼兒其他各方面的發展一樣，具有連續性、不可分割的過程，而且是逐漸發展而來。為便於研究，心理學家通常將道德發展分為幾個時期加以討論；在研究道德發展的學者中，以皮亞傑及柯爾堡最具代表，以下即分別介紹此兩位心理學家的理論。

(一)皮亞傑的認知發展理論

　　皮亞傑採用科學方法以認知發展的觀點來解釋道德發展。更精確地說，他是研究兒童道德判斷發展的心理學家。他在一九三二年出版的《兒童道德的判斷》（*The Moral Judgement of the Child*）是

發展心理學研究兒童道德發展的里程碑。皮亞傑的道德認知論認為道德表現於對是非的判斷，判斷需要智能，智能是隨年齡增長的，故道德也是隨年齡與智力並行發展的。

皮亞傑的道德發展分為三期，其以為人在日常生活的一舉一動要合乎道德的要求，正如人的思考與推理須合乎邏輯。幼兒自出生後，並不具有道德判斷的能力，而是經過「無律」、「他律」、「自律」的階段，道德判斷始具備。

1. 無律階段：亦為前道德判斷階段，約從出生到四歲的幼兒。此時幼兒對問題的考慮都還是自我中心的，缺乏服從規則的意識，規則對幼兒而言，都是似有似無，似懂非懂，故此時期的幼兒行為可說是無規範的活動，既不是道德的，也不是非道德的，而是無法從道德的觀點來評價幼兒的行為。

2. 他律階段：約從四至八歲。此期幼兒逐漸意識到一些行為規範，認為應該忠實地服從這些規則，如果逾越就是「壞孩子」。此期的道德思維階段具有下列幾個特點（李丹，1989）：幼兒認為規則是萬能的，不變的，不理解這些規則是由人們自己創造的；幼兒在評定行為是非時，總是抱極端的態度，或者是好的，否則便是壞的；行為的好壞根據後果的大小，而不是根據主觀動機來判斷。例如，一幼兒不小心打破杯子，和另一幼兒因偷吃東西打破杯子，被視同「一樣壞」的行為；將懲罰看作是天意，例如，對幼兒來說，有個小男孩偷了糖跑出去被車撞了，問幼兒：「汽車為什麼會撞小孩子？」幼兒的回答是：「因為他偷了糖。」

3. 自律階段：約在八至十二歲。具有以下幾個特點（李丹，1989）：兒童已意識到規則是由人們根據相互間的協調而創造，因而可依照人們的願望加以改變；兒童對行為的判斷建

立在行為的意圖和行為的後果上。例如前例，兒童已能分辨不小心打破杯子和因偷吃東西打破杯子的行為是不一樣的；提出的懲罰意見與所犯的錯誤更加貼切。例如，一個女孩不打掃庭院，擅自去看電影，應如何懲罰？此期兒童已能提出：罰此女孩兩週不准看電影，叫她去掃地、擦窗子。

綜論之，皮亞傑認為兒童的道德發展是從他律道德向自律道德轉化的過程，所謂他律道德是根據外在的規範做判斷，只注重言行的結果，而不考慮行為的動機，其是非標準取決於是否服從成人的命令；進入自律階段，兒童則開始認識一切道德規範，且自身已具有主觀的價值標準，已能用公平、不公平來判斷是非，不再是一切以權威為依歸。兒童道德教育的理想目標，是積極性的道德認知及價值判斷與選擇能力的培養，故道德教育的目的應在積極的發展自律的道德理性，以使每一位兒童都能屹立在自己的崗位上做獨立的道德判斷。

(二)柯爾堡的道德發展階段

柯爾堡是皮亞傑道德認知發展理論的追隨者，他採用皮亞傑的晤談材料和技術，以七十二個十至十六歲的青少年為研究樣本，進行道德發展的研究，柯爾堡運用一系列兩難推理故事來測驗兒童的道德發展，其中最典型的是「海因茲偷藥的故事」。

歐洲有個婦人患了癌症，生命垂危。醫生認為只有一種藥才能夠治她，就是本城一個藥劑師最早發明的「鐳」。但製造這種藥要花很多錢，藥劑師索價要高出成本二百元的十倍，也就是要二千元。病婦的丈夫海因茲到處向人借錢，一共才借得一千元，只足夠醫藥費的一半。海因茲不得已，只好告訴藥劑師，他的妻子快要死

了，請求藥劑師便宜一點賣給他，或者允許他賒欠。但藥劑師說：「不成！我發明這種藥就是為了賺錢。」海因茲走投無路，竟在晚上無人之際，撬開商店的門，為妻子偷來了藥。

測驗者講完這個故事，就向受測者提出一系列的問題：這位丈夫應該這樣做嗎？為什麼應該或不應該？法官該不該判他的罪，為什麼？柯爾堡對這些問題所關心的答案，並不是受測者回答的「是」、「不是」或「應該」、「不應該」，而是回答中的推理，以瞭解兒童是如何做道德的推理與判斷。

柯爾堡推演出三個層次六個發展階段，每一階段的發展視兒童道德判斷的成熟層次而定，又將第一個道德層次之前的時期界定為「零階段」，也稱為「道德前階段」，此期幼兒不瞭解道德規範，對是非善惡的判斷並非根據權威或規則，而是自己的喜好，只要能讓他感到愉快滿足就是好，令他不舒服就是不好（簡妙娟，1997）。除零階段外，柯爾堡所提三層次六階段的道德發展說明如下（Kohlberg, 1969）：

■道德成規前期（preconventional level）

大約出現在學前幼稚園及小學低中年級階段。此一時期的特徵是，幼兒們遵守規範，但尚未形成自己的主見。此時期又分兩個階段：

1. 第一階段重懲罰與服從：處於此階段的幼兒認為規則是由權威制定的，必須無條件的服從。尚缺乏是非善惡觀念，只因為了避免懲罰而服從規範，若違背規範則理應受罰，且行為的好壞是依行為的結果來評定，而不考量其動機與過程，如：柯爾堡的測驗發現，有些兒童認為海因茲偷藥是不對的，因為「偷藥會受到懲罰」。

2.第二階段重手段和互惠：兒童不再把規則看成是絕對的、固定不變的東西，已意識到任何問題都是多方面的，但都是以滿足自我為主，如海因茲可以認為他偷藥是對的，而藥劑師也可以認為那是錯的。此期兒童偶爾也會滿足別人，但只限於一種互惠性的人際關係。柯爾堡認為大多數九歲以下的兒童和許多青少年罪犯、成人罪犯，在道德認知上都只停留在第一階段的水準（李丹，1989）。

■道德成規期（conventional level）

大約出現在小學中年級以上，一直到青年、成年。此期之特徵是個人由瞭解和認識團體規範，進而接受、支持並實踐規範；亦即，此時已能知法守法，表現合於社會規範，順從社會期望的行為。因本期已超出幼兒期的範圍，僅略述本期之兩階段於後：

1.第一階段重和諧與順從：個人行為表現出善意，並會符合他人的期望。
2.第二階段重制度與權威：個人具有盡責、尊重權威和為道德制度及秩序普遍維護的導向。

■道德成規後期（post conventional level）

此期至少在青少年人格成熟後，才有可能達到，且只有極少數的成人達到此境界（郭靜晃、吳幸玲譯，1993）。特徵是個人思想行為發展到超越現實道德規範的約束，達到完全獨立自律的境界，能根據自己內在的道德標準來判斷行為，又分兩個階段：

1.第一階段重公約與法理：此期少年認為應以民主方式決定眾人之意見來改善衝突，並重視一切法律規章制定過程的合理

性。

2. 第二階段重普遍倫理道德原則：此期少年認為只要是正當的事，都可付諸實踐，並對人類的生命、平等和尊嚴具有至高的評價。

　　由柯爾堡的道德認知發展程序來看，其實是皮亞傑理論的補充和衍生，並且與皮亞傑所提之認知發展程序相吻合。

三、影響幼兒道德發展的因素

　　許多研究者自各方面探討道德發展的影響因素，林月琴（1986）從年齡及家庭社經背景二因素加以探討，蔡淑桂（1991）則認為年齡與智力二因素是影響的主因。陳錦鎮（2005）研究發現，性別與道德判斷、道德行為有關。許雅惠（2007）研究發現，內省智能、道德教學與道德判斷有關。根據上述研究者的研究發現，筆者歸納出以下幾個影響幼兒道德行為發展的因素：

(一)年齡因素

　　不論是皮亞傑或柯爾堡的道德發展論，均提及年齡與道德發展有關，一般而言，年齡愈大，道德發展愈趨成熟，此一結果，在林月琴（1986）、蔡淑桂（1991）的研究中也獲得證實。

(二)智力因素

　　蔡淑桂（1991）、許雅惠（2007）研究發現，兒童的道德發

展與兒童的智力發展有關，例如，智能不足的兒童，因智能發展遲緩，致其道德行為往往停留在無律或他律階段，無法發展到自律階段。亦即，兒童要表現道德行為，必須能對此行為有所瞭解，易言之，兒童要習得道德觀念，具有判斷能力才能合理的表現出來，這都與智力有關。

(三)情緒因素

情緒對幼兒行為的影響很大，有許多道德行為均是一時衝動所引起；若幼兒情緒穩定，在行為前即能仔細思考事情的對與錯，而擇優行之，不致做出不道德的行為。

(四)社會經驗因素

認為兒童要獲得道德認知的發展，必須先擺脫自我中心的性格，而最重要的途徑是與同伴發生相互作用。因為在與同伴的交往中，可以從經驗中習得哪些行為是可行的、會被鼓勵的，哪些行為是不可行、可能被責罰的；同時，在與同伴交往中，兒童開始擺脫權威的束縛，互相尊重，共同合作，發展了正義感，由此可建立正確的道德行為。

(五)教育因素

不論是家庭教育或學校（幼稚園、托兒所或教養機構）教育，均對幼兒道德觀念的影響匪淺，幼兒所接受的教育愈多，愈能培養道德觀念。反之，缺乏教養的幼兒，根本分不出是非善惡，而常做

出一些自以為是的不道德行為。但柯爾堡強調幼兒的道德教育絕不是進行道德灌輸，而應是按照道德發展的規律刺激兒童自己思考，以促使幼兒發自內心的認知到行為的好壞（李丹，1989）。陳錦鎮（2005）、許雅惠（2007）的研究結果也與上面的敘述頗為一致，均認為道德教學有助於提升兒童的道德判斷水準。

(六)家庭因素

張青慧（2003）的研究發現，父母親合宜的教養方式與兒童道德行為有關。一個道德高尚的家庭，父母言行、風範、道德行為，讓子女耳濡目染，子女在此家庭長期薰陶下，當然能促其道德有良好的發展。林月琴（1986）的研究也認為，幼兒的家庭社經地位、父母管教態度與道德發展有關。

(七)性別因素

陳錦鎮（2005）研究發現，性別與道德判斷、道德行為有關。女生的道德判斷能力顯著優於男生，女生在仁愛、勇敢、守法的道德行為顯著優於男生。然而，湯智凱（2004）研究結果卻發現，我國國小高年級學童道德發展階段無顯著的性別差異存在。

四、道德行為的輔導

不論是父母或教師對幼兒道德行為進行輔導時，應遵從以下幾個原則（李丹，1989）：瞭解幼兒道德認知發展的水準；提高通常

稍高於幼兒已達到的發展水準的思維模式，使之與現有的水準加以比較，引起衝突；幫助幼兒體會衝突，使他意識到採用下一階段的判斷更為合理；培養幼兒對各種問題進行道德方面的判斷及提出問題的能力；把即將繼起的道德階段作為道德教育的目標。

　　以下分別就家庭、學校及社會三方面教育場所，說明其應有的輔導方式：

(一)家庭方面

　　1.賞罰分明：對幼兒正向道德行為多給予鼓勵，而指正其不道德行為。

　　2.培養良好的待人態度：父母應從小教導幼兒各種待人處事的規則，並應以身作則，給幼兒最好的示範。

　　3.安排規律的日常生活：從規律的生活中，培養幼兒正規的行為與思想。

(二)學前教育機構方面

　　學前教育機構應該注意以下幾點：

　　1.道德原則的教學：激發幼兒自身的能力，使道德觀念內化而非一時的灌輸道德教條。

　　2.道德實踐的教學：讓幼兒有身體力行的機會，以實踐內省的道德規範。

　　3.道德規範的指導：指導幼兒道德規範，除積極正向的指導外，亦要注意防止幼兒學習不道德的觀念。

(三)社會方面

1. 樹立善良的社會風氣：端正社會風氣，足以建立正確的價值
   觀和道德規範。
2. 提倡正當的康樂活動：適當的休閒活動，可使幼兒從小培養
   正當娛樂的觀念和行為，以免以後涉足不良場所，養成不良
   習慣，做出不道德行為。
3. 積極推展親職教育：家庭是幼兒道德發展的根本，有良好道
   德的父母，方能教育出道德行為健全發展的下一代，因此推
   行親職教育，教導父母教育子女的方法為當務之急。

關鍵詞彙

道德行為	海因茲偷藥
無律階段	道德成規前期
他律階段	道德成規期
自律階段	道德成規後期

自我評量

1.試說明皮亞傑的認知發展理論及重點。

2.試說明柯爾堡的道德發展理論及重點。

3.影響幼兒道德發展的因素有哪些？

4.應如何輔導幼兒的道德行為？

5.你個人對「海因茲偷藥」的故事看法如何？請自我分析你的道德發展屬於哪一個層次？試著分別找一個四歲、十歲及十五歲的兒童，和他們討論這個故事，比較看看他們的道德發展層次。

參考資料

李丹（1989）。《兒童發展》。台北：五南。

林月琴（1986）。〈我國幼兒道德行為表現之研究〉，《教育研究所集刊》，29，103-120。

張青慧（2003）。《家庭因素與兒童道德行為表現之研究》。中國文化大學生活應用科學研究所碩士論文。

許雅惠（2007）。《角色扮演法之道德教學對國小學童道德判斷、道德行為及內省智能的影響》。大葉大學教育專業發展研究所碩士論文。

郭靜晃、吳幸玲譯（1993），Philip & Barbara Newman著。《兒童發展》。台北：揚智文化。

陳錦鎮（2005）。《國小學生道德教學之實驗研究》。大葉大學教育專業發展研究所碩士論文。

湯智凱（2004）。《國小高年級學童道德發展性別差異比較研究》。中國文化大學心理輔導研究所碩士論文。

蔡淑桂（1991）。《國小資優學生高層次認知能力、道德判斷與道德行為之間的相關研究》。台灣師範大學特殊教育研究所碩士論文。

簡妙娟（1997）。〈郭爾堡之道德發展論對我國當前道德教育之啟示〉，《訓育研究》，36（2）13-22。

Kohlberg, L. (1969). *Essays on Moral Development—The Psychology of Moral Development*, Vol. 2. New York: Harper and Row.

Chapter 13

人格發展

摘要

　　人格是個人在對人對己對事物乃至對整個環境適應時所顯示的獨特個性，此獨特個性係由個人在其遺傳、環境、成熟、學習等因素交互作用下，表現於身心各方面的特徵所組成，而該等特徵又具相當的統整性與持久性，因此，人格具有下列四項特徵：複雜性、獨特性、持續性及一般性。

　　人格發展有兩個主要理論，由佛洛伊德和艾力克森所提出。佛洛伊德認為人格結構有三個組成部分：「本我」（id）、「自我」（ego）及「超我」（superego）。「本我」受「享樂原則」的支配，「自我」受「現實原則」所支配；「超我」是人格中的「良知」部分。佛洛伊德提出的人格發展理論又稱為性心理發展論，將人格發展的階段分為五個時期：1.口腔期（初生到週歲），以吸吮、吞嚥、咀嚼等口腔活動獲得快感；2.肛門期（一歲至三歲），此期對肛門糞便的存留與排泄，會感到愉快與滿足；3.性器期（三歲至六歲），此期幼兒對性器官產生好奇，且會經驗到戀親情結；4.性潛伏期（六歲以後），此期性的衝動進入潛伏期，已轉向讀書、交友、遊玩等活動；5.生殖期（進入青春期後），常會有性的衝動，在心理上開始對異性產生愛慕的現象。

　　艾力克森提出心理社會學說，其認為生命是由出生到死亡八個階段所組成，而每個發展階段都會出現危機，對此危機的處理方式即為影響人格發展的重要轉折點，如能積極的解決將形成較好的人格。艾力克森將人格發展分為八個階段：1.信任對不信任期（出生至一歲）；2.自主對害羞、懷疑期（一歲至三歲）；3.自發對罪疚期（三歲至六歲）；4.勤奮對自卑期（六歲至十二歲）；5.自我認同與角色混淆期（十二歲至二十歲）；6.親密對孤立期（二十歲至二十四歲）；7.繁殖對停滯期（二十五歲至六十五

歲）；8.自我統整對絕望期（六十五歲到生命結束）。

　　影響幼兒人格發展的因素包括：1.個人因素，如遺傳、智力、健康、體型；2.家庭因素，如早期經驗、家庭氣氛、父母管教態度、出生序、家庭社經地位；3.學校因素，如教師人格、教學態度、常規教育；4.社會文化因素，如社會規範、社區環境。

　　輔導人格發展的原則包括：提供早期良好的生活經驗、培養獨立的性格、建立自信心、適當的管教態度、提供良好的示範、提供美育之薰陶、讓幼兒多接觸大自然。

幼兒發展

266

一、人格的意義及特徵

　　人格是什麼？這個問題也許是所有心理學中最複雜的問題之一了。「人格」（personality）一字，源自希臘字Persona，它的原意是面具（mask）。古代戲劇，演員戴面具以扮演各種角色，戴什麼樣的面具就演什麼樣的角色，將它引用為「人格」，意指一個人的「內在自我」（innerself）的「對外表現」（outward expression）。這個內在自我支配著一個人扮演各種角色時的語言、行為、舉動、神情與姿態等個人特有的模式。

　　人格一詞的意義眾說紛紜，耶爾勒和齊格勒（Hjelle & Ziegler, 1981）曾針對各個學者定義的基本要點加以分析，而將人格歸為三種類型：其一為把人格假定為一種內在的結構與組織；其二為強調個別差異的重要性，人格就是個人的特色；其三以生活發展史來界定人格，強調內部及外部環境、遺傳等影響的改變過程。

　　各家學說中，張春興（1992）對人格的定義較具綜合性，其定義為：「人格是個人在對人對己對事物乃至對整個環境適應時所顯示的獨特個性，此獨特個性係由個人在其遺傳、環境、成熟、學習等因素交互作用下，表現於身心各方面的特徵所組成，而該等特徵又具相當的統整性與持久性。」由此定義，可發現人格具有下列四項特徵：

1.複雜性：人格是身心兩方面特徵的綜合，所有特徵如體格、智力、情緒、態度、技能等，都是組成人格的重要成分，且相互間具有密切關係，可謂牽一髮而動全身。
2.獨特性：在芸芸眾生之中，每個人的天賦不同，遭遇不同，

遂成各色人等。張三為張三，李四為李四，各有其獨特人格。

3.持續性：通常，我們可以由兒童期的人格推斷他成人後的性格，也可從成人的人格推斷他童年的性格；人格的形成，隨年齡而日趨穩定。人格的持續性，並不表示人格一成不變，正因為人格可以改變，人格教育才有其真正價值。

4.一般性：個人在不同時間或不同空間裡，行為雖然不同，但能相互協調，保持人格完整而不自我衝突。

二、人格發展的兩個主要理論

初期的理論都認為人格表現於行為上的不同，係來自於環境刺激和生活上經驗的不同所致，惟嬰兒在第一年中已能發展出行為和反應的獨特方式，使得許多學者對這種現象感到好奇，因此建立各種理論，以解釋人格發展的過程和原因。其中最具影響力的理論由佛洛伊德（Freud, 1949）和艾力克森（Erikson, 1963）所提出。

(一)佛洛伊德的性心理理論

佛洛伊德所創的精神分析學派號稱心理學上的第二大勢力，又因其是從精神病臨床工作者發展出來的思想體系，所以又稱為古典精神分析人格理論；再者，佛洛伊德特別強調性本能（即一般書中所謂的性原慾或稱力必多，Libido），認為人格的各個方面都起源於生物的性本能所推動，故其理論亦可稱之為性心理理論（The Psychosexual Theory）。

佛洛伊德認為人格結構有三個組成部分：「本我」（id）、「自我」（ego），及「超我」又稱超越自我（superego）；雖然這三個人格結構有其各自的功能、性質、成分、運用原則、動力以及機能作用，但其彼此密切的相互牽制，相互影響，一個人的行為通常均係這三個系統間相互作用下的產物。茲說明如下：

1. 「本我」：為個人與生俱來的一種人格原始基礎，即遺傳下來的本能。本我是沒有價值觀、倫理和邏輯的，只包括一些本能性的衝動與滿足，係受「享樂原則」（pleasure principle）的支配，其行為動機純在追求生物性需要的滿足與避免痛苦。依佛洛伊德的看法，本我在性質上純係潛意識的，個人並不自知。

   本我是個體發生史上最古老的，初生嬰兒其人格之構成成分，只含有本我部分，純粹由生物性的衝動──餓、渴、冷、暖的需要、睡眠的需要等──驅使他的活動。自我和超我都源自本我，而且是從本我分化出來的，它同時供給這兩個系統──自我和超我──起作用所需的一切力量。

2. 「自我」：自我乃人格的核心，是人格的執行者，且是人格中有組織、合理、現實取向的系統，使個體能適度的調適自己的行為以適應環境。嬰兒由初始的本我人格，逐漸長大，與社會接觸，學習社會化，而能調節外界與本我間的關係，一方面管制本我的原始衝動，使本我適應外界的要求，另一方面卻又要協助本我使其需要得以滿足，這就是「自我」，完全受「現實原則」（reality principle）所支配。

   簡言之，自我的形成使一個人能實際的、合理的、真正的滿足自己的需要，例如，當飢餓時，自我尋找食物；當性慾衝動時，自我尋找適當的配偶；當口渴時，自我去找水，自我

依據實際的活動過程發現適當的對象。

3.「超我」：如果人格只有本我和自我，那麼人只具有享樂主義和現實主義，但是，人格中還有第三部分，即超我。超我的出現，使人格變得更複雜了。超我是人格中的道德成分，即「良心」或「良知」的部分，亦稱為道德原則（morality principle），它代表理想，力求完善而不求取快樂，主要的任務是決定事物的是非、善惡，從而依據社會的道德標準而有所為或有所不為，其對本我或自我有檢查的功能。

佛洛伊德在人格中加入超我，是因為他在進行精神分析時，發現許多病人都表示為違背良心而內疚，有一種強烈的犯罪感，可見「超我」是我們內心中行為道義方面的仲裁者，受外部環境的規範。超我是後天學習而建立的，幼兒依循父母所規定的行為規範行事，做錯事受懲罰，做對了受獎勵，因此父母親的道德教育便由幼兒納入各自的良心之中，幼兒的言行，一旦不符合自己的良知，便會有罪疚感，遂發展成超我系統。

本我、自我、超我，彼此交互作用，構成人格的整體。自我介於本我與超我之間，成為人格的核心，它調節本我的需要，抑制不能為超我所接受的衝動，並解決本我與超我之間的衝突。超我的主要功能在管制本我的衝動，特別是不被社會所接受的性衝動以及破壞性的衝動，並引導自我走向合乎社會規範與道德標準。由此可知，超我在約束本我與自我。

就人格發展而言，本我、自我、超我是人格發展的三個階段。初生嬰兒，其人格構成全屬本我，他只求生物性的需要與滿足。嬰兒漸長，至三歲左右，由於動作與語言能力的發展，以及與實際環境接觸的經驗，遂從本我中分出自我。一方面強烈的自我意識開始萌芽，一方面也覺得本我的需求有自我節制的必要。至於超我的形

成，是兒童或青年期長期接受教育的結果，這種教育包括父母的教誨、師長教導與社會風俗習慣的陶冶。

(二)佛洛伊德的人格發展

佛洛伊德認為，每個幼兒都要經歷幾個先後有序的發展階段，而且幼兒在這些階段中獲得的經驗決定了他的成年人格特徵。事實上，成年人格在生命的第三年就已形成。佛洛伊德認為人格發展的階段包括以下五個時期：

■口腔期（oral stage）

初生到週歲的嬰兒，以口腔一帶的活動為主，嬰兒從吸吮、吞嚥、咀嚼等口腔活動獲得快感。此期嬰兒口腔活動若得到過多或過少的滿足，都將造成固著現象，而產生口腔性格，如悲觀、依賴、被動、退縮、仇視等性格（當然對於這種「口腔」性格，另有其他非佛洛伊德的解釋，例如，抽煙可能是在青少年時覺得抽煙能顯示其成熟世故，而非幼年時口腔期固著造成）。此期又可分為以下兩階段：

1. 前口腔期（出生至八個月）：快感主要來自於口部的吸吮吞嚥，若此時發生停滯或得不到充分滿足的幼兒，長大後會有大量的口部活動習慣，如貪吃、酗酒、抽煙等。
2. 後口腔期（八個月至一歲）：嬰幼兒的活動主要集中在牙齒、牙齦和咽部，快感主要來自於咬、吞噬活動，若未獲滿足，則可能產生咬手指甲的習慣，或具有口唇施虐狂的特徵，如諷刺、冷嘲熱諷和指責等。

■肛門期（anal stage）

　　從一歲至三歲左右的幼兒，對肛門糞便的存留與排泄，均感到愉快與滿足，惟此時恰是父母訓練幼兒控制自己排便習慣的時期，若父母對幼兒大小便訓練過於嚴格，易導致冷酷、無情、頑固、吝嗇、暴躁等性格。肛門期又可分為兩個階段：初期稱為肛門排除期，幼兒的快樂來自糞便的排泄，但若停滯、未滿足，易造成肛門括約肌控制不良、夜遺尿症等生理問題，也可能造成過分慷慨的特性；晚期稱為肛門保留期，幼兒快樂來源為糞便的保存，若無法滿足，則可能有便秘的毛病，並傾向吝嗇、過度儉省、潔癖及強迫性性格。

■性器期（phallia stage）

　　約三歲至六歲的幼兒，性器官成為獲得快樂的中心，幼兒的興趣已移轉成以性器為主的自戀，他會去觸摸、摩擦或顯露其性器，並對兄弟姐妹或父母的生理構造感興趣。這一階段的發展充滿複雜的矛盾和衝突，而會經驗到伊底帕斯（Oedipus）情結或稱戀母情結（Oedipus：希臘神話人物，伊底帕斯國王殺父娶母，後因內心譴責，自刺雙目流浪而死。佛洛伊德以此來比喻小男生戀母情結，既愛戀母親又擔心父親對其採取報復行動），和伊勒特勒（Electra）情結或稱戀父情結（Electra：希臘神話人物，曾指使她的兄弟殺死曾殺害她父親的母親。佛洛伊德以此來比喻小女孩的戀父情結）。這對於幼兒性別特徵的形成及成人後的性生活都是非常關鍵的。

　　此時期男性幼兒對母親產生強烈的愛戀之情，而對父親不滿，因父親被當成對母親感情的競爭者，但另一方面又擔心父親對其不

利，產生「閹割焦慮」（castration）（因他們想像是自己的性器官導致了與父親的衝突）。強烈的恐懼和焦慮使小男孩把自己戀母嫉父的感情壓抑在心底，為了尋求解脫，小男孩力圖認同於父親，即仿效父親，學習父親的言談舉止，如此便能覺得自己與父親分享了母親的愛。

對女性幼兒來說，戀父情結又顯得更複雜了，依佛洛伊德的解釋，小女孩在出生後的前兩年，對母親仍有強烈的愛戀之情，但至此一時期，女孩開始發現她們沒有陰莖，而認為是母親有目的奪走的，因此開始對母親不滿甚至憎恨（很多心理分析師認為這樣的歸因，可以解釋很多女人終其一生對自己的母親懷有矛盾的情感）（引自黃慧貞，1991），另一方面卻增加對父親的愛，心理分析師常認為這種愛有很大一部分是陰莖羨慕（penis envy）。

由以上說明可知，這一階段的幼兒對父母的感情是極為複雜的，他們對父母既有積極的好感，又有消極的不滿和嫌惡之情，在他們的心中存在著衝突、矛盾與恐懼，而惟有藉著模仿父母中之同性別者，加以認同，方能解除此種壓力，以獲致正常發展。

■性潛伏期（latency stage）

兒童到六歲以後，其性的衝動進入潛伏期，此期一方面由於人格的超自我部分的發展，另一方面由於其活動範圍的擴大，終而把對父母的性衝動轉向讀書、交友、遊玩等活動。

■生殖期（genital stage）

或稱兩性期，進入青春期後，由於生理的成熟，常有性的衝動，在心理上開始對異性產生愛慕的現象。

(三)艾力克森的心理社會學說（The Psychosocial Theory）

　　佛洛伊德強調行為的生物決定面，而艾力克森則以文化和社會影響為著眼點。艾力克森認為生命是由出生到死亡共八個年齡階段所組成的，這八個階段是以遺傳學決定的順序逐漸展開，因此是以一定順序的形式和適當的速率發生；縱使其發展內容因各文化而有所差異，但社會心理階段的基本元素都是共通的。

　　危機（crisis）是劃分每個發展階段的特徵。亦即每個發展階段都會出現影響自我發展的危機，對此危機的處理方式即為影響人格發展一個重要的轉折點，假如能積極的解決將有助於自我的增強，而形成較好的人格；反之，消極的解決則削弱了自我，阻礙了順應能力的形成。

　　雖然生理遺傳決定了每一個階段何時出現，但是社會環境決定危機是否能得到積極的解決，就是根據這樣的觀點，艾力克森的發展階段理論又稱為心理社會發展理論。以下將討論艾力克森的八個階段（Erikson, 1963）的前四個時期，後四個時期因發生年齡在青少年期以後至老年期，超出幼兒發展的範圍，僅予簡單描述。

■信任對不信任期（basic trust vs. basic mistrust）

　　大約和佛洛伊德的口腔期相當，由出生到一歲左右。在這一階段的嬰兒最為孤弱，對成人依賴性最大，因而其人格發展的重點在於對人的信任與不信任。要促成基本信任感的重要因素是母親幼兒關係的品質，如果父母或照顧者能以慈愛來滿足幼兒的需要，基本的信任感將發展出來，為解決此階段危機的最佳方式，否則勢必產生不信任、焦慮和疏離的感覺。艾力克森並強調，餵食情境為信任感產生的決定時刻，因其認為餵食提供了母子互動的機會，為此階

段親子聯繫的主要來源。當幼兒形成的信任感超過不信任感時，信任對不信任的危機方才得到解決。

■自主對害羞、懷疑期（autonomy vs. shame doubt）

此階段自一歲到兩歲，相當於佛洛伊德性心理發展的肛門期。幼兒在此期已學會行走、攀爬、推拉等動作，更通俗地說，他們學會了如何抓握和放開，亦即幼兒能「隨心所欲」地決定做還是不做某些事情。因而幼兒從這時起就介入了自己意願與因無意願相互衝突的矛盾之中。因此，如何使幼兒在自己所能做、哪些做起來較安全和哪些應該做之間達到一個正確的平衡，是此階段的重點；艾力克森強調父母應給予幼兒適當的自主權，使幼兒肯定自我的能力，建立自信心，過度的控制反將造成幼兒懷疑自己的能力與羞愧無能的感覺。學步是兩歲幼兒自主需求發展的開始，他們感覺對周遭具有某些控制力，他們擁有以前未曾發現的新力量，不再滿足於別人的決定，此時父母可設定安全的範圍，讓幼兒自行去摸索發現新大陸，即使對任何事情亦相同，如此方能協助幼兒度過兩個危機時期，建立幼兒自主能力。

■自發對罪疚期（initiative vs. guilt）

此階段從四歲到六歲，相當於佛洛伊德性心理發展的性器期。此期幼兒會主動進行各種具體的運動神經活動，更精確的運用語言和更生動的運用想像力，這些技能使幼兒萌發出各種思想、行為和幻想，如果父母鼓勵幼兒此種獨創的、自動的活動，就會養成自發的特質，然而如果父母譏笑幼兒的獨創性行為和想像力，幼兒將會缺乏信心的離開此一階段，使得日後他們在考慮種種行為時，總是易於產生罪疚感，而傾向於生活在別人為他們安排好的狹隘圈子

裡。

■勤奮對自卑期（industry vs. inferiority）

此期從六歲起持續到十一歲，相當於佛洛伊德性心理發展的潛伏期，然而艾力克森比佛洛伊德更重視這個時期的重要性。此時幼兒學會一些基本的行為，以使他們的將來能與人競爭。遊戲、想像和幻想必須被抑制，且須勤勉努力，將使一個人成為社會中的生產分子，故須被鼓勵。若無法學會或不能從工作中得到快樂，將使一個人喪失信心和價值感。

■自我認同與角色混淆期（identity vs. role confusion）

此期約在十二歲至二十歲間，相當於佛洛伊德之性心理發展的生殖期：此期青少年必須思考有關自己和社會的各種信息，最後確定自己的生活策略，如此青少年即獲得了自我認同，變為一個成人。第六期為親密對孤立期（intimacy vs. isolation）：約發生在成人初期，二十至二十四歲，若個人具有建立親密關係的能力，必定有美好的生活，否則將孤寂一生；第七期稱為繁殖對停滯期（generativity vs. stagnation）：約從二十五歲至六十五歲，不僅包括了生育下一代，更重要的是給予孩子適當的照料以及指導，發展良好的人格品質；第八期為自我統整對絕望期（ego integrity vs. despair）：屬成人晚期階段，從六十五歲一直持續到生命結束，若此期的老人順利通過前七個階段，則對人生感到美滿幸福，而不懼怕死亡，反之則對人生感到絕望。

表13-1　佛洛伊德與艾力克森的發展階段比較表

	佛洛伊德		艾力克森	
	階段	焦點	階段	焦點
出生~1歲	口腔期	口腔樂趣	信任對不信任	社會支持
1~3歲	肛門期	控制身體功能	自主對害羞、懷疑期	建立獨立性
3~6歲	性器期	性別角色認同與道德發展	自發對罪疚期	發展自我照顧的技巧
6~12歲	潛伏期	性的壓抑	勤奮對自卑期	學會與文化有關的技藝
12~20歲	生殖期	對異性感興趣	自我認同對角色混淆期	界定自我
青年期			親密對孤立期	建立有意義的人際關係
中年期			繁殖對停滯期	照顧他人
老年期			自我統整對絕望期	對生命加以評價；自我實現的追求

資料來源：參考胡月娟譯（1995）。

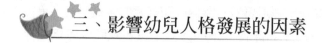

三、影響幼兒人格發展的因素

根據多數心理學家研究的結果，認為幼兒的人格，有些是受先天遺傳的影響，有些則受後天環境的影響，說明如下：

(一)個人因素

佛洛伊德早已強調「每個獨特的自我都與生俱有特殊的本質和傾向」，而幼兒最初表現出來的這些特質，是幼兒個性發展的基礎，也是個性塑造的起跑點。說明如下：

1.遺傳：研究人格的遺傳因素，常以同卵雙生子及精神病患為研究對象，證實精神病患（如精神分裂症），可從家庭中遺

傳（Gearheart, 1980）；兒童的過動症、自閉症及異常行為在男生遺傳為女生的四至八倍（Kirk, Gallagher & Anastasiow, 2000），何華國（1995）亦指出，這可能與性聯遺傳有關。而同卵雙生子較異卵雙生子之人格特質亦更為相近。

2.智力：智力高者，常表現出健康、活潑、快樂、進取、自信、情緒穩定的人格特質。反之則表現出挫折感、自卑、情緒困擾的個性。

3.健康：健康的幼兒比較開朗、活潑、富活力；健康不良者，常表現出退縮、社會適應不良、依賴等人格。

4.體型：奎池邁（E. Kretschmer）認為肥胖型的人性格外向、善與人相處。瘦長型的人，性格內向、喜批評、多愁善感。健壯型的人活力充沛，性格較內向。障礙型的人性格多內向（引自黃志成、王麗美，1994）。

5.性別：國小女學生在正向人格發展的傾向高於國小男學生（翁正舜，2003）。

(二)家庭因素

1.早期經驗：精神分析論者，如佛洛伊德、艾力克森均強調早期經驗的重要性，幼兒早期如能得到較多的關懷與照顧，對其人格情緒有良好的影響，反之則不然。

2.家庭氣氛：若父母感情良好，親子關係親密，兄弟姐妹間關係和諧，則幼兒人格發展較好；反之，若父母婚姻衝突，較會忽略子女，容易採取強迫、懲罰的管教方式，也容易和子女爭執，子女便可能發展出一種侵略反抗的行為模式（Buehler & Gerard, 2002）。多伊爾和馬基維茲（Doyle &

Markiewicz, 2005）研究顯示，父母婚姻衝突會間接影響子女
內外在問題與自尊。

3.父母管教態度：父母若採取接納、關懷、開朗的態度，對幼
　兒人格發展有正向影響；反之，若父母態度為嚴格、獨斷、
　放任、拒絕、冷漠、過分保護的管教態度，必會傷害到嬰幼
　兒的人格發展（郭靜晃等，2005）。管教態度有許多方式，
　但大致可歸納出下列三種：

(1)權威式：亦即專制的管教方式，父母是用嚴格、命令與處
　　罰的方式強迫幼兒服從。權威式管教下的幼兒，表現出較
　　多反抗、挑釁和攻擊性的行為，性格上可能較為殘忍和孤
　　僻。而且將使幼兒感到家庭缺乏溫暖，對父母親無親切
　　感，容易造成問題幼兒的產生。

(2)放任式：乃指父母讓幼兒盡量去做自己高興的事，認為幼
　　兒從行動的結果，學習到對與錯的觀念。放任式的教育由
　　於管教過寬，容易流於溺愛，養成幼兒驕縱的性格，意志
　　薄弱，缺乏克服困難的勇氣，此種管教方式，也容易造成
　　問題幼兒的產生。

(3)民主式：乃指父母較偏於允許的態度，較瞭解幼兒的需要和
　　能力，讓幼兒有發表意見的機會，並能給予適度的滿足。在
　　這種民主的管教方式下，幼兒的身心得有良好的發展，較
　　能表現出自動自發、樂觀、合作、自尊的人格特質。

4.出生序：許多研究都證實出生序（如長子、么子、獨子、中
　間排行）對人格均有不同之影響。如老大永遠是父母的寶
　貝，但所承受的壓力也較大，老二則永遠是第二，會抱怨沒
　人疼愛，若尚有弟妹，老二個性將較具競爭性，會與兄弟較
　勁，么么通常被視為小寶貝，易於恃寵而驕，以任性自居

（楊婷舒，1995）。此外，獨生子女是家中的中心人物，不論是精神上的愛或是物質上的滿足，都讓獨生子女不虞匱乏，因此，容易恃寵而驕，如此使孩子在家中的地位更加凸顯，認為父母的付出都是理所當然，甚至會認為所有人都應該對他好（陳小燕，2004）。劉秀英（2000）也認為獨生子女較富依賴心理，缺乏生活自理能力和對他人的同理心，更別說為他人著想。此外，也有研究顯示：獨生子女的孤獨感高於非獨生子女，他們渴望同儕團體的互動（Roberts, 1998）。

5.家庭社經地位：家庭經濟水準、父母教育及職業，均與幼兒的成長有關，也影響其人格。根據翁正舜（2003）的研究發現，不同社經地位的國小學生，在正向或負向的人格發展、偏差行為方面，均呈現顯著的差異性。

(三)學校因素

1.教師人格：從班都拉（Bandura, 1977）的社會學習論觀點，教師是幼兒認同及模仿的對象，故其人格特質直接影響幼兒人格發展。

2.教學態度：教師之教學態度（如熱誠的、拒絕的等）及教學方式（如民主、權威、放任等），均影響幼兒人格發展。

3.常規教育：不同的常規教育、班級氣氛，可以培養不同氣質的幼兒。

4.教學活動：根據郭惠婷（2004）的研究發現，教學活動對學生的自尊、自主、對學校的態度和自我期許都有顯著的效果。

(四)社會文化因素

1.社會規範：不同的國家、地區、文化，均有不同的社會規範，不同的社會規範足以薰陶出不同人格特質的幼兒。
2.社區環境：根據行為學派的觀點，在不同的社區環境（如文教區、商業區、低社經區等）下，幼兒長久居住，人格不斷地被其影響，會造就出不同人格特質的幼兒。

社區遊樂器材

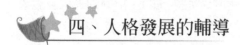

四、人格發展的輔導

輔導幼兒人格發展的途徑，可分下列幾點說明：

1.提供早期良好的生活經驗：根據精神分析學派的觀點，人格發展奠基於嬰兒期，故在嬰兒期應有良好的餵哺方式、足夠

的親情及合理的大小便訓練等。

2.培養獨立的性格：務使幼兒不依賴、培養生活上的自理能力及獨立自主的個性。

3.建立自信心：幼兒人格的健全發展，父母須培養幼兒感覺自己有能力，常常鼓勵幼兒，讚美幼兒，藉以建立其自信心。

4.適當的管教態度：父母及老師要採合理的管教方式，子女在良好的教育薰陶下，人格自然會有良好的發展。

5.提供良好的示範：根據社會學習論的觀點，父母及老師要提供良好的人格示範，例如，溫文有禮、誠實、仁慈、善良等，如此幼兒可加以學習。

6.提供美育之薰陶：音樂、美術、勞作、表演等藝術活動可以提高幼兒的品味，增進幼兒優美的情操。

7.讓幼兒多接觸大自然：幼兒多接觸大自然可以陶冶性情，增進閱歷，有助於人格成長。

快樂遊戲

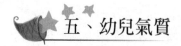 五、幼兒氣質

(一)氣質的意義

幼兒面對各種生活情境的表現不一，我們稱之為氣質（temperament），在學理上，所謂氣質是指幼兒的情緒特質，包括情緒反應之敏感度、速度與強度等。亦即幼兒面對刺激時，其反應的快、慢、強、弱等。

(二)氣質的類型

氣質的類型有好幾種分法，以下將以最具代表性的分類來加以說明（Thomas, Chess, & Birch, 1968；黃志成，1997）：

1. 活動量（activity level）：指嬰幼兒是文靜型或活動量大的，前者較安靜，做些靜態的活動；後者則傾向於精力過剩，很難坐定，可分為下列兩種：

    (1)高活動度：睡眠時間不很多，剪指甲、洗澡、坐著聽講故事、坐著看電視時動得很厲害，喜歡玩動態的遊戲或活動。

    (2)低活動度：整夜安睡，不必起來吃奶；清醒時，通常靜靜地躺著；換尿布、洗澡時很安靜。能靜靜的坐下來聽大人講故事，喜歡玩靜態的遊戲或活動。

2. 規律性（rhythmicity）：規律性好的嬰幼兒，在飲食、睡眠、靜息及日常生活的一切事情表現得有規律；反之則呈現較散漫的生活作息。例如：

(1)規律的：嬰幼兒每天早上醒來、晚上睡覺、午休的時間一
　　定，每三或四小時吃一次奶，大便時間、次數一定。

(2)不規律的：嬰幼兒每天睡眠時間不一定，每次食量不一
　　定，每天大便時間、次數也不一定。

3.趨避性（approach/withdraw）：指嬰幼兒對新事物、環境、
　情況的初次反應，可分為兩種：

(1)接受：嬰幼兒對陌生人友善的接近，對新食物、新環境
　　（如第一次上幼稚園）能接受而不排斥。

(2)退縮：嬰幼兒看到陌生人就躲，拒吃新食物，初次到別人
　　家或在新環境（第一次上托兒所）中一直哭，且尋找熟識
　　者以前往依靠。

4.適應度（adaptability）：觀察嬰幼兒對食物、嘈雜聲、母親
　替代者（如祖母、保母）接受的情形，或換床鋪後第一次、
　第二次的入睡情形，可分為兩種：

(1)接受：嬰幼兒對新食物立刻接受或第一次拒絕，再多給一
　　次即接受；對母親代替者無所謂；換床鋪可以接受或第一
　　次睡不好，但第二次即歸於正常；對於換幼稚園（或托兒
　　所）兩三天內就可以與大家玩在一起。

(2)拒絕：嬰兒對新食物嘗試三次都拒絕，對母親代替者拒
　　絕，哭吵直到母親再出現；對新床鋪哭吵三天以上者；對
　　新的學前機構適應一週都還無法調適。

5.情緒本質（quality of mood）：指嬰幼兒在一天中，行為表現
　出愉快或不愉快，友善或不友善程度的多寡。可分為兩種：

(1)正向：對父母、老師、手足、同儕相處友善，玩遊戲或玩
　　具時，時時和顏悅色，外觀開朗。

(2)負向：對父母、老師、手足、同儕冷淡，時時悶悶不樂，

外觀憂鬱。

6.注意力分散度（distractibility）： 指嬰幼兒對於正在進行的事物，是不是會因突然介入的新事物而分心，轉移注意力。例如：

(1)易分散：指嬰幼兒正在進行的事物或活動時，容易被其他刺激所取代，分散其注意力。

(2)專注：如嬰幼兒被拒絕或被停止一項他所要或正在進行的事物時，就哭、吵而無法用其他事物取代。或者觀察嬰幼兒玩一玩具的時間，若能超過十分鐘則屬長注意力；若只嘗試努力三分鐘即行放棄，則屬短注意力。

7.堅持度（persistence）：指一嬰幼兒正在做某件事或正想做某件事時，卻遭外來的阻力，嬰幼兒克服這阻力仍然持續下去的程度。

(1)堅持度強：如嬰幼兒肚子餓想喝牛奶時，會拒絕吃代替品（果汁、餅乾）哭到他得到為止。如果想拿他想要的玩具而拿不到時，會繼續嘗試三分鐘以上。

(2)堅持度弱：嬰幼兒肚子餓想吃東西若無法提供時，在三分鐘內可以用代替品安撫下來。如果想拿玩具而拿不到時，一分鐘內便停止嘗試，而不會顯現不愉快的情緒。

8.反應閾（threshold）：指引起嬰幼兒反應所需要的刺激量，亦即由視覺、聽覺、味覺、嗅覺或觸覺等所接受的刺激，以及「察言觀色」的能力，觀察能引起嬰幼兒某種反應所需的刺激強度。例如：

(1)低反應閾：嬰兒睡眠時，一有嘈雜聲或光線就醒；食物味道稍變就能感覺到而拒食；幼兒在上課時，教室外稍有聲音即馬上察覺。

(2)高反應閾：嬰兒尿布濕了或大便了，好像也不覺得難受；
幼兒在上課時，聽到教室外有嘈雜聲時，好像無所謂的樣
子。

9.反應強度（intensity of reaction）：指嬰幼兒對內在和外在刺
激所產生反應的激烈程度，例如：

(1)激烈：嬰兒尿布濕了或餓了時，哭聲很大；幼兒吃到不好
吃的食物就吐出來，而且大哭。

(2)溫和：嬰兒尿布濕了或餓了時，哭聲秀氣；幼兒吃到不好
吃的食物仍勉強吞下去。

 六、自我概念

(一)自我概念的意義

每個人都有自我，自我是人格結構的核心，也是影響個人行為
的重要因素。但是自我概念（self-concept）並非與生俱來的，它是
在長期的人際關係交互影響中發展而成。亦即，嬰兒生來並不具有
自我概念，初出生時，他無法區別自我與環境，逐漸地，嬰兒透過
與父母、有意義的他人及同儕團體的互動而形成自我概念。

自一九六○年代，自我的研究開始受到重視，自我概念成為研
究和瞭解人類行為的重要且普遍的方法，以下分別列舉學者對自我
概念的定義：

希爾加德和阿特金森（Hilgard & Atkinson, 1967）認為自我是
「個體所知覺的個人人格」。

澤西爾德（Jersild, 1966）視自我概念為一思考和感覺的內

涵，它能意識自己個別的存在。

當代心理學家羅傑斯（Rogers, 1951）認為自我是有組織的，且經常一致的一種統合觀念，包括對自己特性的認知，自己對他人以及生活各方面的關係的認知，而且這種種的認知是分別具有其價值意義的。

社會心理學家顧里（Cooley, 1902）提出鏡中自我（looking glass-self）理論，認為自我概念是透過人際間交互作用而產生，他人就像自己的一面鏡子，得以反映自我。自我概念的形成，須透過反省的過程：想像他人心目中的自身形象——想像他人對此形象的批評——由此形象而生自我感。

社會心理學家米德（Mead, 1934）以社會哲學的觀點來探討自我概念，認為自我概念是在社會過程中形成，是一種社會互動下的產物，他解釋鏡中自我是一種「概括化的他人」（the generalized other）的反映，他人的反映引起自己的知覺，不同的社會情境下會有不同的反映，故可能有不同的自我，如家庭的自我、學校的自我等。因此，個人意識到的自我，事實上是站在別人的立場來看自己，亦即會考慮所屬團體對自己的態度。

根據以上學者的看法可知，個人對自己的看法和態度，在個人的發展中占著頗為重要的地位。一個人在發展的過程中，對於自己的身體、能力、事物、他人、家庭、團體、社會價值、生活目標及社會結構的看法與態度，就是自我概念。而初生嬰兒並無自我概念，及至幼兒期，才因成熟與學習之過程，慢慢發展自我概念，約三歲的幼兒即開始對勝任（competent）與否有愉快或羞恥感，四歲開始會使用防衛作用，以避免失敗的羞恥，四歲到十四歲之間，追求目標之堅持性與失敗之容忍性增加。

(二)嬰幼兒期自我概念之發展過程

嬰幼兒期自我概念之發展過程說明如下:

1. 具體的:近一歲的幼兒,漸漸的可以從鏡中發現自己的存在,對於玩具或吃的東西,會有獨占慾,認為這是「我」的,而後慢慢發展會認識自己的五官、衣服等等。
2. 抽象的:一歲以前的幼兒開始慢慢認識自己的名字,成人喚他,他會有所反應,之後則會認識自己是誰,誰的兒子,自己幾歲,尤其到了二、三歲以後的個性發展期,更會有自己的看法和意見,到了學齡兒童期,因其逐漸具備排除集中的能力,可以對情境做多方面的思考,情緒反應較不會集中在此時此刻,較能控制挫折或對不滿的情緒做理性的思考(李宜賢,2002)。此時,學齡兒童自我中心漸弱,他們能累積社會經驗中別人所給予的回饋,建立自我基模,幫助孩子在過去行為結果的基礎上,對目前的行動做判斷並逐漸修正,形成各種對自己的評價(黃琴雅等,2001)。

(三)自我概念的輔導

瞭解了幼兒自我概念的發展過程,父母、師長及保育人員應實施之輔導方式如下:

1. 自我概念教學:在單元設計中,多編入一些自我認識的課程。
2. 用民主式教法:承認幼兒是獨立的個體,多多聽取幼兒的意見。

3.尊重幼兒：瞭解幼兒、尊重幼兒的生理、心理需求。

4.觀察幼兒的感受：要瞭解幼兒的心理感受，體察他們的困難，給予適當的協助。

5.誠懇的態度：對幼兒態度要誠懇，不應付、不敷衍。

關鍵詞彙

人格	閹割焦慮
本我	陰莖羨慕
自我	潛伏期
超我	生殖期
口腔期	口腔性格
權威式管教態度	肛門期
放任式管教態度	肛門性格
民主式管教態度	性器期
自我概念	伊底帕斯情結
伊勒特勒情結	

自我評量

1.試說明人格的意義及特徵。

2.試說明佛洛伊德所提出人格的三個結構。

3.試說明佛洛伊德的性心理理論重點。

4.試說明人格發展的心理社會學說及其重點。

5.影響幼兒人格發展的因素有哪些？

6.如何輔導幼兒人格的發展？

7.請分別以三種觀點解釋自我概念的意義。

8.試說明嬰幼兒期自我概念的發展過程。

9.如何輔導幼兒自我概念的發展？

10.請仔細想想，你目前是否有哪些習性或個性，正如佛洛伊德
　　所言的口腔性格、肛門性格，請與大夥兒分享吧！

參考資料

何華國（1995）。《特殊兒童心理與教育》。台北：五南。

李宜賢（2002）。《兒童發展——理論與實務》（二版）。台北：永大。

胡月娟譯（1995）。《實用人類發展學》。台北：華杏。

翁正舜（2003）。《國小學生次文化、人格發展及偏差行爲之關聯性研究》。中正大學犯罪防治研究所碩士論文。

張春興（1992）。《心理學》。台北：東華書局。

郭惠婷（2004）。《國小高年級學童家庭社經地位、活動參與和人格發展之研究》。中山大學中山學術研究所碩士論文。

郭靜晃、黃志成、黃惠如（2005）。《兒童發展與保育》。台北：空中大學。

陳小燕（2004）。《成年期在學獨生子女生活經驗之研究》。嘉義大學家庭教育研究所碩士論文。

陳玉玟（2006）。《國小高年級學生自我概念與行爲困擾相關性之研究——以台北市信義區國小高年級學生爲例》。中國文化大學青少年兒童福利研究所碩士論文。

黃志成（1997）。《兒童發展》。台北：啓英文化。

黃志成、王麗美（1994）。《兒童發展與輔導》。台北：頂淵文化。

黃琴雅、葉郁菁、李宜賢、毛萬儀、羅皓誠（2001）。《人類發展學》。台北：永大。

黃慧貞（1991）。《人格心理學》。台北：心理。

楊婷舒（1995）。《嬰幼兒發展與保育》。台北：桂冠。

劉秀英（2000），孫雲曉、卜衛主編。〈獨生子女的親和需要〉，《培養獨生子女的健康人格》。北京：天津教育。

Bandura, A. (1977). *Social Learning Theory*. Englewood Cliffs, N. J.: Prentice-Hall.

Buehler, C. & Gerard, J. M. (2002). Marital conflict, ineffective parenting, and children's and adolescents' maladjustment. *Journal of Marriage and the Family, 64* (1), 78-92.

Cooley, C. H. (1902). *Human Nature and Social Order.* New York: Scribner's.

Doyle, A. B. & Markiewicz, D. (2005). Parenting, marital conflict and adjustment from early-to mid-adolescence: Mediated by adolescent attachment style. *Journal of Youth and Adolescence, 34* (2), 97-110.

Erikson, E. H. (1963). *Childhood and Society.* New York: Norton.

Freud, S. (1949). *An Outline of Psychoanalysis.* New York: Norton.

Gearheart, B. R. (1980). *Special Education for '80s.* St. Louis: The C. V. Mosby.

Hjelle, L. A. & Ziegler, D. J. (1981). *Personality Theories* (2nd ed.). New York: McGraw-Hill.

Hilgard, E. R. & Atkinson, R. C. (1967). *Introduction to Psychology* (4th ed.). New York: Harcourt, Brace and World.

Jersild, A. (1966). *Child Psychology.* Englewood Cliffs, New Jersey: Prentice-Hall.

Kirk, S. A., Gallagher, J. J., & Anastasiow, N. J. (2000). *Educating Exceptional Children.* New York: Houghton Mifflin.

Mead, G. H. (1934). *Mind, Self and Society.* Chicago: University of Chicage Press.

Roberts, L. C.(1998). I always knew that mom and dad loved me best: The experience of being an only child. *Humanities and Social Sciences,* July, 59, 1-31.

Rogers, C. R. (1951). *Client-centered Therapy.* Boston: Houghton Mifflin.

Thomas, A., Chess, S., & Birch, H. G. (1968). *Temperament and Behavior Disorders in Children.* N. Y.: New York University Press.

幼教叢書 25

幼兒發展

作　　者／黃志成、王淑芬、陳玉玟
出 版 者／揚智文化事業股份有限公司
發 行 人／葉忠賢
總 編 輯／閻富萍
執行編輯／李鳳三
地　　址／新北市深坑區北深路三段 260 號 8 樓
電　　話／(02)8662-6826
傳　　真／(02)2664-7633
網　　址／http://www.ycrc.com.tw
 E-mail ／service@ycrc.com.tw
印　　刷／鼎易彩色印刷股份有限公司
 I S B N ／978-957-818-896-9
初版四刷／2016 年 2 月
定　　價／新台幣 350 元

國家圖書館出版品預行編目資料

幼兒發展 = Child development / 黃志成、王
淑芬、陳玉玟著. -- 初版. -- 臺北縣深坑
鄉：揚智文化, 2008.12
　　面；　公分. -- (幼教叢書；25)
含參考書目

ISBN 978-957-818-896-9 (平裝)

1.兒童發展　2.發展心理學　3.兒童心理學

173.1　　　　　　　　　　　　　　　97019953